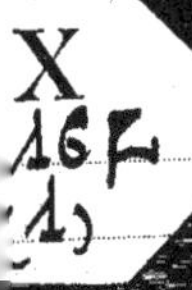

VOCABULAIRE

DESTINÉ

À FIXER LA TRANSCRIPTION EN FRANÇAIS

DES

NOMS DE PERSONNES ET DE LIEUX

USITÉS CHEZ LES INDIGÈNES DE L'ALGÉRIE,

FAIT AU MINISTÈRE DE LA GUERRE,

D'APRÈS LES DOCUMENTS FOURNIS PAR LE GOUVERNEMENT GÉNÉRAL DE L'ALGÉRIE,

PAR MAC G. DE SLANE,

MEMBRE DE L'INSTITUT, INTERPRÈTE MILITAIRE PRINCIPAL,

ET CH. GABEAU,

INTERPRÈTE MILITAIRE.

PREMIÈRE PARTIE. — NOMS DE PERSONNES.

PARIS.

IMPRIMERIE IMPÉRIALE.

M DCCC LXVIII.

VOCABULAIRE

DES

NOMS DE PERSONNES ET DE LIEUX

USITÉS

CHEZ LES INDIGÈNES DE L'ALGÉRIE.

VOCABULAIRE

DESTINÉ

A FIXER LA TRANSCRIPTION EN FRANÇAIS

DES

NOMS DE PERSONNES ET DE LIEUX

USITÉS CHEZ LES INDIGÈNES DE L'ALGÉRIE,

FAIT AU MINISTÈRE DE LA GUERRE,

D'APRÈS LES DOCUMENTS FOURNIS PAR LE GOUVERNEMENT GÉNÉRAL DE L'ALGÉRIE,

PAR MAC G. DE SLANE,

MEMBRE DE L'INSTITUT, INTERPRÈTE MILITAIRE PRINCIPAL,

ET CH. GABEAU,

INTERPRÈTE MILITAIRE.

PREMIÈRE PARTIE. — NOMS DE PERSONNES.

PARIS.

IMPRIMERIE IMPÉRIALE.

M DCCC LXVIII.

PRÉFACE.

« Les noms arabes sont d'une transcription difficile en caractères « français; en les écrivant comme on croit les entendre prononcer, « tout le monde ne les orthographie pas de la même manière; « chacun suit un système différent de transcription. Ainsi, le même « nom figure tantôt d'une façon, tantôt d'une autre, sur les re- « gistres de l'état civil, sur les matricules de l'impôt ou sur les « sommiers du domaine, ou dans les dossiers du tribunal, ou sur « les registres des greffes et des municipalités. Une orthographe uni- « forme et rigoureuse des noms est cependant indispensable pour « les actes de l'état civil. »

C'est en ces termes que l'Empereur, dans sa lettre du 25 juin 1865, signalait à Son Exc. le Gouverneur général de l'Algérie la nécessité d'un travail qui donnerait aux représentants de l'autorité française dans ce pays le moyen de transcrire uniformément les noms indigènes, et remédierait ainsi aux graves et fréquents inconvénients d'une orthographe arbitraire. Ce travail, entrepris par ordre de Leurs Exc. le Ministre de la Guerre et le Gouverneur général de l'Algérie, est aujourd'hui près d'être terminé. S'il ne l'a pas été plus tôt, c'est qu'il n'est point aussi simple qu'il peut le paraître au premier abord.

Il fallait avant tout en réunir, en disposer les matériaux, c'est-à-dire former une liste aussi complète que possible des noms propres de l'Algérie, tant arabes que kabiles ou berbers. C'était là une longue tâche qui demandait de nombreux auxiliaires et ne pouvait être remplie sans le concours de l'administration locale. Ce concours a été empressé : les bureaux arabes, tant ceux du territoire militaire que ceux du territoire civil, fournirent d'abord les indications relatives aux populations et aux localités de leur ressort. Puis à ces éléments et à ceux qu'on pouvait tirer de souvenirs personnels on ajouta encore les renseignements qu'offraient les journaux publiés dans la colonie, les récits de la conquête et de l'occupation française et un grand nombre d'ouvrages ayant pour sujet l'Algérie.

Une première liste formée avec ces ressources fut autographiée et adressée à Alger pour être soumise à trois commissions siégeant, la première dans cette ville, la seconde à Constantine et la troisième à Oran. Les additions et corrections dues à ces commissions, aux divers commandements, et surtout à M. Beaussier, interprète principal militaire, enrichirent et rectifièrent la nomenclature. Leurs conseils sur le système de transcription furent accueillis avec empressement.

A ce moment la liste semblait aussi étendue, aussi exacte qu'on la pouvait dresser, mais il restait encore la tâche d'examiner les registres matricules des régiments indigènes de l'Algérie. Ce dépouillement, effectué avec soin aux archives du ministère de la guerre, fournit un important supplément de plus de mille noms, qui vinrent prendre leur place parmi les autres.

De tous les noms ainsi recueillis, ceux qui se trouvaient inscrits dans les documents émanés du gouvernement général de l'Algérie étaient écrits plus ou moins correctement en caractères arabes avec transcription en caractères romains. Le reste était écrit en français seulement, et parfois d'une manière si peu exacte qu'au premier aspect on n'y reconnaissait ni la forme des noms, ni leur prononciation véritable. Quand ces noms étaient d'origine arabe, on les restituait assez facilement, parce qu'en arabe les noms propres ont presque toujours une signification, et se présentent sous certaines formes que les lois de l'étymologie leur ont imposées. Les noms turcs se laissaient aussi rectifier sans trop de difficulté; mais les autres, en nombre assez considérable et appartenant en majeure partie à la langue berbère, étaient reproduits en caractères romains d'une façon si incorrecte que souvent ils résistaient à tous les efforts de restitution. On est parvenu toutefois à reconnaître la plupart de ces noms, ce qui a permis de les inscrire à leur rang dans la liste générale; pour ceux qui se sont dérobés à cette investigation, on a dû les laisser de côté.

La nomenclature une fois établie, des difficultés d'un autre ordre et d'une toute autre gravité restaient à surmonter. Il s'agissait de fixer un mode de transcription qui rendît le son des noms arabes de telle manière qu'une bouche française pût les prononcer sans trop les altérer. Pour représenter un mot arabe au moyen de l'alphabet romain on peut procéder de deux manières, selon le but qu'on se propose. Veut-on transcrire ce mot assez exactement pour indiquer les lettres arabes qui le composent, et permettre *la transcription inverse* à une personne capable de la faire? L'alphabet romain ne suffira point; il faudra doubler huit ou neuf lettres de cet alphabet, en les distinguant de leurs pareilles par des signes de convention qui en marqueront la valeur particulière et les affecteront à la représentation des sons de la langue arabe dont le français n'offre point l'équivalent. Le meilleur alphabet de ce genre est celui dont se sont servis les rédacteurs de l'*Exploration scientifique de l'Algérie*. Il remplit bien toutes les conditions du problème; mais la complication qui résulte des points ou signes distinctifs ajoutés à tant de lettres lui donne une sorte de caractère scientifique qui l'empêchera toujours d'être accepté pour l'usage ordinaire.

Cet usage ne demande rien de plus qu'une peinture approximative du son, qu'il s'agit de figurer avec les seules ressources dont on dispose pour écrire le français. Tel est le but qu'on s'est proposé ici, en renonçant, comme il fallait s'y résoudre, à marquer la nuance délicate qui différencie, en arabe, les consonnes simples et les consonnes emphatiques. Cette nuance d'ailleurs n'est pas aisée à saisir, même pour l'oreille ; la langue ne la reproduit pas sans un long apprentissage, dans un commerce suivi avec les Arabes, et dès lors on peut la négliger sans grand inconvénient dans un système de transcription usuel.

D'après ces considérations, on a adopté un système dont les détails se trouvent exposés dans le tableau suivant :

L'*alef* (ا) se représente par *a, e, i, o, ou,* selon les exigences de l'étymologie et celles de l'usage.

Le *ba* (ب) par *b.*

Le *ta* (ت) et le *ta emphatique* (ط), par *t.* A la fin des mots, le *ta marbouta* (ة), ou *t fermé,* se prononce *a* et doit se représenter par cette lettre, exemple : بليدة (*Blida*), مليانة (*Miliana*); mais, si ce mot est suivi d'un autre qui commence par une voyelle, le *ta marbouta* reprend sa valeur réelle, se prononce *at* et doit s'écrire ainsi, exemple : بليدة الجديدة (*Blidat el-djedida*), مليانة القديمة (*Milianat el-kadima*). Il en est de même en français : le *t* final des mots *consulat, état,* etc. se prononce quand ces mots sont suivis d'un autre commençant par une voyelle, exemple : *consulat américain, état ecclésiastique.* C'est une faute grave que de confondre le *ta marbouta* (ة) avec le *h* (ه), et de le représenter par *ah.*

Dans l'usage de l'Algérie le *tsa* (ث) se prononce *ts;* c'est donc par *ts* qu'on l'a représenté dans le vocabulaire.

Le *djim* (ج) se rend par *dj.*

Le *ha emphatique* (ح) et le *ha* ordinaire (ه) se représentent par un *h,* qu'on aura soin d'aspirer dans tous les cas.

Le *kha* ou *kra* (خ) se représente par *kr,* combinaison de lettres qui rend beaucoup mieux que *kh* le son de la lettre arabe. Dans le *kh,* l'*h* est une lettre muette, un signe de pure convention, au moyen duquel on veut indiquer que le son du *k* doit subir une certaine modification; mais cette modification est inconnue des personnes qui ont étudié l'arabe dans les livres seulement. Pour la plupart des Français, les mots *khedim* (خديم) «serviteur» et *khelil* (خليل) «ami», doivent se prononcer *kedim, kelil,* mots qui, en arabe, ont un tout autre sens; *kedim* (قديم) signifiant «vieux» et *kelil* (قليل) «peu». En Algérie, les colons qui appellent le pain *krobz,* et un fermier *krammas,* se font entendre des Arabes, tandis que s'ils disaient *kobz, kammas,* on ne les comprendrait pas. On pourrait objecter à l'emploi de *kr* pour représenter le خ, l'incertitude qu'offrirait la transcription de certains noms : *Bekri* pouvant représenter également بكرى et بخرى; mais ces cas sont peu fréquents; d'ailleurs la même objection peut se faire à l'emploi de *kh* : *akhal* représentant également اخل et اكحل.

Le *dal* (د) équivaut à *d.*

Le *dal ponctué* (ذ) doit aussi se représenter par *d*, car c'est ainsi qu'on le prononce en Algérie. Il ne prend jamais son véritable son, celui du *th* doux des Anglais, excepté dans la lecture du Koran et des livres qui renferment les traditions canoniques.

Le *ra* (ر) se représente par *r*.

Le *zine* (ز) est le *z*.

Le *sine* (س) se représente par un *s*, 1° quand il se trouve au commencement d'un nom, et 2° quand il est précédé d'une consonne et suivi d'une voyelle; exemple : *Slimane* (سليمان), *Tlemsani* (تلمسانى). Placé entre deux voyelles dont la seconde est un *a*, un *o*, ou un *ou*, il se transcrira par *ss;* exemple : *Moussa* (موسى), *Moussoum* (موصوم), pour éviter le son du *z*, qu'un seul *s* prendrait dans ce cas. S'il est placé entre deux voyelles dont la seconde est un *e* ou un *i*, on le représentera par *c;* exemple : *Kacem* (قاسم), *Faci* (فاسى), *Hacene* (حسن). L'emploi de *ç* est dangereux, parce que la cédille est très-exposée à tomber pendant l'impression et à être oubliée par les personnes qui écrivent. Il ne faut pas que *çaïd* (سعيد) « heureux » risque de devenir *caïd* (قايد) « chef, guide ».

Le *chine* (ش) se rend par *ch*. Le groupe *sch*, employé par quelques personnes pour rendre le son du *chine*, est trop tudesque.

Le *sod* (ص) ou *s* emphatique se transcrit de la même manière que le *sine* et d'après les mêmes règles.

Le *dod* (ض) ou *dal emphatique*, doit, de même que le *dal simple*, se représenter par *d*.

Le *ta* (ط), indiquant le son d'un *t emphatique*, doit se représenter par *t*.

Le *da* (ظ), qui, dans le principe, représentait le son emphatique qui correspondait autrefois à celui du *dad ponctué*, se prononce maintenant comme le *dod* et doit se représenter de la même manière.

L'*aïn* (ع) sera rendu par l'une ou l'autre des voyelles *a*, *e*, *i*, *o*, *eu*, articulée dans le fond du gosier. L'usage permet presque toujours de le prononcer comme un *a* guttural. Dans ce vocabulaire on l'a assimilé à l'*alef*.

Le *raïn* (غ) se rend par *r* et, exceptionnellement, par *gh*. Dans tous les pays musulmans, depuis Baghdad jusqu'à Tanger, le *raïn* se prononce comme notre *r* grasseyé. Dans certaines localités du sud de l'Algérie, cette lettre prend le son du *gh*; c'est ainsi qu'on le représentera lorsque les documents fournis en indiqueront la nécessité.

Le *fa* (ڢ) est notre *f*.

Le *kof* (ڧ), ou *k guttural*, est représenté par *k*; mais comme il indique dans beaucoup de localités le son du *g* dur (ڨ), on l'a désigné, dans ces cas, par cette lettre.

Le *kef* (ک) est représenté par le *k*, lettre qui en indique parfaitement le son.

Le *lam* (ل) est notre *l*.

Le *mime* (م) est notre *m*.

Le *noun* (ن) est notre *n*, mais, comme cette lettre donne, en français, l'articulation nasale à la voyelle qui la précède, et que cela n'a pas lieu en arabe, il a fallu la faire suivre d'un *e* quand elle se trouve à la fin de tous les noms dont l'avant-dernière lettre est une voyelle autre que l'*ou*, exemple : سليمان (*Slimane*), حسن (*Hacene*), دين (*Dîne*), عبدون (*Abdoun*). Pour la même raison on l'a redoublée quand elle suit une voyelle et se présente au milieu d'un nom; exemple : *Mannsour* (منصور).

Le *ha* (ه) est représenté par *h*, lettre qui, partout, dans ce vocabulaire, doit être aspirée.

Le *ouaou* (و), employé soit comme consonne (le *w* anglais), soit comme voyelle, se représente par *ou*.

Le *ya* (ى) se représente par *y* au commencement des mots, et par *i* quand il est précédé d'une consonne ou de la syllabe *ou*; exemple : *Youcef, Amir, Badaoui*. Précédé d'une voyelle ou redoublé dans le texte arabe, il est rendu par *ï*, exemple : لايفة (*Laïfa*), شريّط (*Cheriet*). On aurait pu représenter le *ya* initial par un *I*, mais, dans l'écriture, cette lettre se confond très-facilement avec le *J*. Il ne faut pas que les noms tels que *Yakoub*, *Youcef* soient exposés à devenir *Jacob, Joseph*. Le *ya* final de certains noms se prononce *a* et doit se représenter par cette lettre; exemple : الرضى (*Er-Rida*).

En arabe, il y a des voyelles qui ne s'écrivent ordinairement pas, et qui se laissent pourtant entendre; le groupe رجل (*r, dj, l*), par exemple, qui signifie *homme* ou *pied* ou *boucle de cheveux*, doit se prononcer *radjol* dans le premier cas, *ridjl* dans le second et *redjel* dans le troisième. Pour représenter ces voyelles dans l'écriture arabe ainsi que les voyelles finales qui indiquent les inflexions grammaticales des noms et des verbes, on emploie trois signes, dont deux se placent au-dessus des consonnes qu'elles accompagnent et l'autre au-dessous. Ces signes représentent trois voyelles brèves, *a* ou *e*, *i*, et *o* ou *ou*. Leur emploi est nettement déterminé par l'étymologie de la langue et par les règles de la grammaire; mais, dans le langage parlé, on en tient si peu de compte que tantôt on les change, tantôt on les déplace et tantôt on les supprime. Ainsi, par exemple, les mots مبارك et مرابط, qui devaient être prononcés *mobarek, morabet*, deviennent *mbarek*, ou *embarek* et *mrabeut*. Dans l'usage vulgaire, ces voyelles subissent tant de variations, qu'il serait impossible d'indiquer toutes les formes qu'un même nom peut prendre dans la prononciation; on s'est donc borné à en signaler les plus usitées.

Selon les règles de l'étymologie, on doit faire suivre d'un *i* bref la troisième lettre de tous les mots qui, comme كاتب (*katb*), صاحب (*sahb*), صالح (*salh*), رابح (*rabh*), قادر (*kadr*), صادق (*sadk*), ont la forme du participe actif; mais, d'après les règles de l'euphonie qui s'observent rigoureusement en Orient et jusqu'à un certain point en Occident, ces noms doivent se prononcer *kateb* ou *kateub, saheb* ou *saheub, saleuh* ou *salah, rabeuh* ou *rabah, kader* ou *kadeur, sadeuk* ou *sadok*. La diphthongue *eu* et la voyelle *o* dans ces exemples sont essentiellement brèves.

La grande simplicité du système adopté ici pour la transcription des noms propres pouvant avoir l'inconvénient de rendre très-difficile la reconstruction de ces noms en caractères arabes, on a placé en regard de chaque nom écrit en français son équivalent en arabe.

Ce vocabulaire renferme quelques adjectifs indiquant l'origine des individus; *Tlemsani*, par exemple, qui signifie *natif de Tlemcen*, et *Arouati*, *natif d'El-Arouat* (vulg. *Laghouat*). On les a conservés parce que, dans certains cas, ils s'emploient comme noms propres. On a omis les autres adjectifs de cette espèce vu que chaque nom de localité en peut fournir un, en y ajoutant un *i* final pour le masculin et un *ïa* pour le féminin; exemple : *Tlemsani* (تلمسانى), *Tlemsanïa* (تلمسانية), et que l'orthographe de ces noms sera indiquée dans la partie géographique et ethnographique de l'ouvrage.

L'article *El* et ses formes phonétiques *Ech*, *Ed*, *Es*, *Er*, *Et*, *Ez*, ont été écrits avec une majuscule et jointes au nom par un trait d'union. De cette manière on a évité l'inconvénient de laisser prendre l'*Et* pour la conjonction copulative. Sans cela le nom *Mohammed et Taïeb*, qui désigne un seul individu, pourrait être pris pour le nommé *Mohammed* et le nommé *Taïeb*.

Comme tous les noms peuvent donner naissance à un surnom en le faisant précéder du mot *Bou*- (*père de*) ou *Ben* (*fils de*), on a supprimé la plupart de ces surnoms, afin de ne pas trop allonger le vocabulaire. Il y en a cependant quelques-uns composés de *Bou* et d'un nom commun; ceux-là on les a conservés, parce qu'ils désignent des individus dont le vrai nom n'est pas bien connu. Bou-Maza (*l'homme à la chèvre*), est l'appellation ordinaire d'un personnage dont le vrai nom, ignoré pendant longtemps, était Mohammed Ben Abd-Allah.

Chez les Kabyles et les autres peuples de race berbère le nom masculin doit toujours être précédé d'une voyelle; aussi placent-ils une voyelle devant certains noms propres qu'ils ont empruntés aux Arabes, exemple : *Abachir*, *Acherifa*. De *Mohammed* ils ont formé trois noms tout à fait distincts : *Amhammed*, *Emhammed* et *Imhammed*. Les Arabes de l'Afrique septentrionale emploient le procédé opposé et suppriment, dans la prononciation, l'*alef* initial de la plupart des mots; chez eux les mots *Abou* (ابو), *Ikrouane* (اخوان), *Ebn* (ابن), *Enouar* (انوار) deviennent *Bou*, *Krouane*, *Ben*, *Nouar*. On comprendra, d'après ces observations, pourquoi, dans ce vocabulaire, quelques noms écrits en caractères arabes sont précédés d'un *alef*, sans que la présence de cette lettre soit signalée par la transcription française.

Il est à peine nécessaire de faire observer que ce vocabulaire peut servir à fixer l'orthographe d'un assez grand nombre de noms de lieu; exemple : *Sidi Bou-Medine*, *Si Abd Er-Rahmane*, *Sidi Brahim*, *Lalla-Marnia*.

SYSTÈME PHONIQUE ET GRAPHIQUE

DE TRANSCRIPTION.

ا	*a, e, i, o, eu.*	ض	*d.*
ب	*b.*	ط	*t.*
ت ة	*t.*	ظ	*d.*
ث	*ts.*	ع	*a, e, i, o, eu.*
ج	*dj.*	غ	*r, gh* par exception.
ح	*h* aspiré.	ف	*f.*
خ	*kr.*	ق	*k,* ڨ *g.*
د	*d.*	ك	*k.*
ذ	*d.*	ل	*l.*
ر	*r.*	م	*m.*
ز	*z.*	ن	*ne, nn, n.*
س	*s, ss, ç.*	ه	*h* aspiré.
ش	*ch.*	و	*ou.*
ص	*s, ss, ç.*	ى	*y, i, i.*

VOCABULAIRE

DES

NOMS PROPRES ARABES

ÉCRITS EN FRANÇAIS.

A

Ababou . . . . ابابو

Abach . . . . عباش

Abada . . . . عبادة

Abadou . . . . عبادو

Abahri . . . . ابحرى

Abalou . . . . ابالو

Abaoub (El-) . . . . العبعوب

Abba . . . . عبّة

Abbachi (Ben-) . . . . بن عبّاشى

Abbaci . . . . عباسي

Abbad . . . . عبّاد

Abbane . . . . عبّان

Abbar . . . . ابّار

Abbas . . . . عبّاس

Abbès; écrire *Abbas* . . . . . . عبّاس

Abbou . . . . عبّو

Abboud . . . . عبّود

Abda . . . . عبدة

Abd-Allah . . . . عبد الله

Abd-Allaoui . . . . عبد اللاوي

Abdaoui . . . . عبداوي

Abd-Ed-Daïm . . . . عبد الدايم

Abd-El-Adim . . . . عبد العظيم

Abd-El-Ali . . . . عبد العلي

Abd-El-Alim . . . . عبد العليم

Abd-El-Aouel . . . . عبد الاوّل

Abd-El-Aziz . . . . عبد العزيز

Abd-El-Bagui; écrire *Abd-El-Baki.*

Abd-El-Baki . . . . عبد الباقي

Abd-El-Bari . . . . عبد الباري

Abd-El-Berr . . . . عبد البرّ

Abd-El-Bost . . . . عبد البسط

Abd-El-Cader; écrire *Abd-El-Kader.*

Abd-El-Caoui; écrire *Abd-El-Kaoui.*

Abd-El-Djebbar . . . . عبد الجبّار

Abd-El-Djelil . . . . عبد الجليل

Abd-El-Fettah . . . . عبد الفتّاح

Abd-El-Guerfi . . . . عبد القرفي

Abd-El-Hadi . . . . عبد الهادي

Abd-El-Hafed . . . . عبد الحافظ

Abd-El-Hafid . . . . عبد الحفيظ

Abd-El-Hakem . . . . عبد الحكم

Abd-El-Hakim . . . . عبد الحكيم

Abd-El-Hakk . . . . عبد الحقّ

Abd-El-Halim . . . . عبد الحليم

Abd-El-Hamid . . . . عبد الحميد

Abd-El-Hedi; écrire *Abd-El-Hadi* . . . . . . عبد الهادي

Abdeli.................... عبدلي
Abd-El-Kader.......... عبد القادر
Abd-El-Kaoui.......... عبد القوي
Abd-El-Kerim.......... عبد الكريم
Abd-El-Kralek.......... عبد الخالق
Abd-El-Latif.......... عبد اللطيف
Abd-El-Medjid.......... عبد المجيد
Abd-El-Mehimene.......... عبد المهيمن
Abd-El-Melek.......... عبد الملك
Abd-El-Melik.......... عبد المليك
Abd-El-Menib.......... عبد المنيب
Abd-El-Merits.......... عبد مغيث
Abd-El-Moula.......... عبد المولى
Abd-El-Moumene.......... عبد المومن
Abd-En-Nebi.......... عبد النبي
Abd-En-Nouech.......... عبد النووش
Abd-En-Nour.......... عبد النور
Abd-El-Ouahab.......... عبد الوهّاب
Abd-El-Ouahed.......... عبد الواحد
Abd-El-Ouali.......... عبد الوالي
Abd-El-Ouarets.......... عبد الوارث
Abd-El-Ouirets.......... عبد الويرث
Abd-El-Ounis.......... عبد الونيس
Abd-El-Raffar.......... عبد الغفار
Abd-El-Rafour.......... عبد الغفور
Abd-Er-Rahim.......... عبد الرحيم
Abd-Er-Rahmane.......... عبد الرحمان
Abd-El-Rani.......... عبد الغني
Abd-Er-Rezzag; ecrire *Abd-Er-Rezzak.*
Abd-Er-Rechid.......... عبد الرشيد
Abd-Er-Rezzak.......... عبد الرزّاق
Abd-Es-Sadok.......... عبد الصادق
Abd-Es-Sameud.......... عبد الصمد
Abd-Es-Selam.......... عبد السلام
Abd-Es-Semia.......... عبد السميع
Abdi.................... عبدي
Abdou.................... عبدو

Abdoun.................... عبدون
Abd-Rabbi.................... عبد ربّي
Abd-Rabbou.................... عبد ربّه
Abed.................... عابد
Abellach.................... ابلاش
Aberdach.................... ابرداش
Aberhouch.................... ابرهوش
Aberkane.................... ابركان
Aberrou.................... ابرّو
Abeud.................... عابد
Abhar (El-).................... الابهر
Abid.................... عبيد
Abida.................... عبيدة
Abidri.................... عبيدري
Abiod (El-).................... الابيض
Aboub (El-).................... العبوب
Aboudi (El-).................... العبودي
Abrika.................... ابريكة
Absi.................... عبسي
Abter (El-).................... الابتر
Abtout.................... ابتوت
Abzar (Ben-).................... بن ابزار
Abzouzi.................... عبزوزي
Acema.................... اسماع
Aceuf.................... عاصف
Aceum.................... عاصم
Ach (Bou-).................... بو عاش
Achach.................... عشاش
Achachi (El-).................... العشاشي
Achaouï (El-).................... العشاوي
Achba (Ben-).................... بن عشبة
Acheb (El-).................... العشب
Acheuk.................... عاشق
Achi (El-).................... العشي
Achleug (El-).................... الاشلق
Achlif.................... اشليف
Achouba.................... عشوبة

Achouch.................... عشوش
Achour..................... عاشور
Achoura.................... عاشوراء
Achrar..................... اشرار
Achrine (Bou-)............. بو عشرين
Acia....................... اسية
Adada...................... عدادة
Adaïa...................... عداية
Adafer..................... عضافر
Adar....................... عدار
Adara...................... ادارة
Adda....................... ادّا
Adda....................... عدّة
Addad; écrire *Haddad*........ حدّاد
Addadj..................... ادّاج
Addi....................... عدّي
Addjal (El-)............... العجّال
Addjou..................... عجّو
Addouch.................... عدّوش
Adeïda..................... عديّدة
Adekris.................... ادخيس
Adel....................... عادل
Adem....................... ادم
Adid....................... عديد
Adida...................... عديدة
Adidi...................... عديدي
Adila...................... عديلة
Adim....................... عديم
Adima...................... عظيمة
Adjdja..................... عجّة
Adjela..................... عجلة
Adjemi (Bou-).............. بو عجمي
Adjila..................... عجيلة
Adjimi..................... عجيمي
Admi (El-)................. الادمي
Admia (El-)................ الادمية
Adnane..................... عدنان

Adoula..................... عدولة
Adouna..................... عدونة
Adriouch................... عدريوش
Afgoun..................... افقون
Afïa....................... عافية
Afif....................... عفيف
Afifa...................... عفيفة
Afifi...................... عفيفي
Aflah...................... افلح
Afnem...................... افنم
Afrad (El-)................ الافراد
Afri (El-)................. العفري
Afroul..................... افغول
Afroun..................... عفرون
Aftouch.................... افطوش
Agar....................... اقار
Aggoum..................... اقّوم
Aggoun..................... اقّون
Agha; transcription consacrée par l'usage; les indigènes prononcent ce mot *Ara*........ اغا
Agroum (El-)............... الاقروم
Aguenach................... اقناش
Aguerbina.................. اقربينة
Aguida..................... اقيدة
Aguini (Ben-).............. بن اقيني
Ahmak (Ben-)............... بن احمق
Ahmed...................... احمد
Ahmer (El-)................ الاحمر
Ahera (El-)................ العاهرة
Ahlès (El-)................ الاحلس
Aho (Ould-); écrire *Ould-Dahou*. ولد دحو
Ahouel (El-)............... الاحول
Ahouès (El-)............... الاحوس
Ahoui...................... احوي
Ahrech (El-)............... الاحرش
Ahrès...................... احرس

Aïach (El-)........ العياش
Aïachi (El-)........ العياشي
Aïachïa........ عياشية
Aïad........ عياد
Aïadi........ عيادي
Aïch (El-)........ العايش
Aïcha........ عايشة
Aïchaoui (Bou-)........ بو عشاوي
Aïchi (El-)........ العيشي
Aïchouch........ عايشوش
Aïchouna........ عيشونة
Aïchour........ عيشور
Aïci........ عيسي
Aïd (El-)........ العيد
Aïda........ عيدة
Aïdli........ عيدلي
Aïdoud........ عيدود
Aïdoudi........ عيدودي
Aïdoui (El-)........ العيدوي
Aïdouni (El-)........ العيدوني
Aïdouri (El-)........ العيدوري
Aïet; écrire *Aïad*........ عياد
Aïfa (El-)........ العيفة
Aïhar (El-)........ العيهار
Aïmech (El-)........ العيمش
Aïmene........ ايمن
Aïmeur........ عيمر
Aïn-En-Nass........ عين الناس
Aïni........ عيني
Aïnouch........ عينوش
Aïouaz........ عيواز
Aïrech........ ايرش
Aïssa........ عيسى
Aïssani........ عيساني
Aïssaoui........ عيساوي
Aïza (El-)........ العايزة
Aka (Bou-)........ بو عكة
Akabi (El-)........ العقابي
Akchiche........ اكشيش
Akcil........ اكسيل
Akdem (Bou-El-)........ بو الاقدم
Akel (Bou-)........ بو عقل
Aker (El-)........ العكر
Akerdjoudj........ اقرجوج
Akeri (El-)........ العكري
Akermïa........ عكرمية
Akhal (El-)........ الاكحل
Akil........ عقيل
Akirim (El-)........ العكيريم
Akkach........ عكّاش
Akkaz (Bou-)........ بو عكّاز
Akkouch........ عكوش
Akkouchi........ عكوشي
Akla........ عقلا
Aklech (Bou-)........ بو عقلش
Akli........ اكلي
Aklil........ اقليل
Akline (Bou-)........ عقلين
Aklouch........ عقلوش
Akmouch........ اكموش
Akmouchi (El-)........ الاكموشي
Aknaoui........ اقناوي
Aknouch........ اكنوش
Aknoun (Ben-)........ بن اقنون
Akredar (El-)........ الاخضر
Akreras (El-)........ الاخرس
Akri (El-)........ العكري
Akrich (Ben-)........ بن عقريش
Akroum (El-)........ العكروم
Akrout (El-)........ العكروت
Ala (El-)........ العلا
Aladja........ علاجة
Alam (Bou-)........ بو علام
Alane........ علان

Alaoua . . . . علاوة
Aldja (El-); écrire *Euldja* (*El-*). العلجة
Aldji; écrire *Euldji* . . . . علجي
Aldjia; écrire *Euldjia* . . . . علجية
Aleik (Ben-). . . . . بن عليك
Ali . . . . علي
Alia (El-). . . . . العالية
Alïa. علية
Alilech. . . . . عليلش
Aliljch . . . . عليليش
Alilouch . . . . عليلوش
Alioua . . . . عليوة
Aliouat . . . . عليوات
Aliouech. . . . . عليوش
Allach. . . . . علّاش
Allaga (Bou-) . . . . بو علّاقة
Allal. . . . . علّال
Allaoua. . . . . علّاوة
Alleg; écrire *Allek* . . . . علّق
Allek . . . . علّق
Allou. . . . . علّو
Allouch . . . . علّوش
Alloucha . . . . علّوشة
Allouchi (El-). . . . . العلّوشي
Allous (Ben-El-). . . . . بن العلوس
Allouti (Ben-). . . . . بن علوتي
Alma . . . . عالمة
Alouach . . . . علواش
Alouane . . . . علوان
Aloui . . . . علوي
Alouni . . . . علوني
Amad-Ed-Dine. . . . . عماد الدين
Amara . . . . عمارة
Amarouch; écrire *Amrouch*. . . . . . عمروش
Amassa; écrire *Hamassa*. . . . . . . حماسة
Amazouz. . . . . امعزوز
Amech (El-). . . . . العمش

Amedjkouh. . . . . امجقوح
Ameïoud. . . . . اميود
Amena. امنة
Ameur. عامر
Amezrar. . . . . امزرار
Amhammed; les observations sur le mot *Imhammed* s'appliquent également à celui-ci . . . . امحمّد
Amhel (El-). . . . . الامهل
Amïer. . . . . عمّير
Amina. امينة
Amine. امين
Amini . . . . اميني
Amir. . . . . امير
Amira (Ben-) . . . . بن اميرة
Amirat . . . . عميرات
Amiri. اميري
Amlaoui; écrire *Hamlaoui*. . . . . . حملاوي
Ammala (Ben-). . . . . بن عمّالة
Ammali. . . . . عمّالي
Ammar. عمّار
Ammari (El-). . . . . العمّاري
Ammi (Ben-). . . . . بن عمّي
Ammouch. . . . . عمّوش
Ammour. . . . . عمّور
Ammoura. . . . . عمّورة
Amokrane; écrire *Mokrane*. . . . . . امقران
Amoud (Bou-) . . . . بو عمود
Amouri (El-). . . . . العموري
Amr. . . . . عمرو
Le و final sert à distinguer ce nom du mot عمر *Omar* et ne se prononce pas.
Amra (Bou-). . . . . بو عمرة
Amrana. . . . . عمرانة
Amrane. . . . . عمران
Amrani (El-). . . . . العمراني
Amraoui (El-). . . . . عمراوي

Amrar … امغار
Amri (El-) … العمري
Amriou (Ben-) … بن عمريو
Amrirene (Bou-) … بو عمريرن
Amrouch … عمروش
Amtaï (El-) … الامتاعي
Amziane; écrire *Emziane* … امزيان
Anaïa … عناية
Anane … عنان
Anani … عناني
Anekous … عنكوس
Anes … انس
Aneus (El-) … العانس
Ania … انية
Anib … عنيب
Annabi … عنّابي
Annber … عنبر
Annbi (Bou-) … بو عنبي
Annsor … عنصر
Anntri … عنتري
Aouad … عوّاد
Aouad … عواد
Aouadi … عوادي
Aouali … عوالي
Aouam … عوّام
Aouane … اوان
Aouaouch … عواوش
Aouchar … عوشار
Aouchta … اوشتة
Aouci … اوسي
Aouda (Ben-) … بن عودة
Aouès … اعوس
Aoufi … عوفي
Aouicha … عويشة
Aouimeur … عويمر
Aouirem (El-) … العويرم
Aouis … اويس

Aoulad; écrire *Oulad* … اولاد
Aoulia (Ben-) … بن اولية
Aoumeur … عومر
Aoun … عون
Aour (El-) … الاعور
Aous … اوس
Arab … اعراب
Arabi (El-) … الاعرابي
Araouer … عراور
Arbi (El-) … العربي
Arbia … عربية
Arcaïci; écrire *Rekaïci* … رقايسي
Ardjoun … عرجون
Aref (El-) … العارف
Arem … عارم
Arès; écrire *Ahrès* … احرس
Aredj (El-) … الاعرج
Aresgui; écrire *Er-Rezgui* … الرزقي
Arf (El-) … العرف
Arfa … عرفة
Arfi … عرفي
Arfich … عرفيش
Arguech (El-) … الارقش
Ariba … عريبة
Aribi (El-) … العريبي
Aricha … عريشة
Arif … عريف
Arifa … عريفة
Arkaïci; écrire *Rekaïci* … رقايسي
Arouati (El-) … الاغواطي
Arouci (El-) … العروسي
Aroug (El-) … العروق
Aroui (El-) … الاروي
Arous … عروس
Arras (El-) … العرّاس
Arzgui; écrire *Er-Rezgui* … الرزقي
Arzouli … ارزولي

Asdia . . . . اسدية
Asef; écrire *Accuf* . . . . اصبع
Askiou . . . . اسكيو
Asnouni (El-) . . . . العصنوني
Assine; écrire *Hacine* . . . . حصين
Assom . . . . اصم
Assouak . . . . اسواق
Assouna; écrire *Hassouna* . . . . حسونة
Ata-Allah . . . . عطاء الله
Atali . . . . عطاءعلي
Ataï (El-) . . . . العطاي
Atebakker . . . . اتبقّر
Aterraï . . . . اترّاي
Atfi . . . . عطفي
Ati . . . . عطي
Atia . . . . عطية
Atiet-Allah . . . . عطية الله
Atika . . . . عتيقة
Atima; écrire *Adima* . . . . عظيمة
Atof (El-) . . . . العاطف
Atoui (El-) . . . . العطوي
Atreuch (El-) . . . . الاطرش
Atroucha . . . . اطروشة
Atsmane; écrire *Otsmane* . . . . عثمان
Attab (El-) . . . . العتاب

Attabi . . . . عتابي
Attafi (El-) . . . . العطّافي
Attar (El-) . . . . العطّار
Attouch (Ben-) . . . . بن عطوش
Attsou . . . . عثّو
Ayach . . . . عياش
Ayad . . . . عيّاد
Ayadi (El-) . . . . العيّادي
Ayatti . . . . ايعطي
Ayoub; écrire *Youb* . . . . ايوب
Azar (Bou-) . . . . بو ازار
Azbi (El-) . . . . العزبي
Aziz . . . . عزيز
Aziza . . . . عزيزة
Azizi (El-) . . . . العزيزي
Azreug (El-) . . . . الازرق
Azri (El-) . . . . العزري
Azza . . . . عزة
Azzari (El-) . . . . العزّاري
Azz-Ed-Dine . . . . عز الدين
Azzi . . . . عزّي
Azzoun . . . . عزّون
Azzouni (El-Bou-) . . . . البو عزّوني
Azzouz . . . . عزّوز
Azzouza . . . . عزّوزة

B

Ba, contraction de *Baba* (*père*) . . . . با
Ba-Ahmed, با احمد, employé dans le Mzab pour *Baba-Ahmed* . . . . بابا احمد
Ba-Ali . . . . با علي
Ba-Amr . . . . با عمر
Ba-Atech . . . . با عطش
Ba-Aziz . . . . با عزيز
Baba . . . . بابا
Babammi . . . . بابامّي

Babari . . . . باباري
Babouch . . . . بابوش
Babouri . . . . بابوري
Bachir . . . . بشير
Bachouch . . . . باشوش
Bachterzi . . . . باش ترزي
Bacit . . . . بسيط
Badach . . . . باداش
Badaoui (El-) . . . . البداوي

Badidi.................. باديدي
Badir.................. بادير
Badji (El-)................ الباجي
Badis.................. باديس
Badoud.................. بادود
Baffou.................. بافّو
Bag (El-)................ البعق
Bagrich (Ben-).......... بن بغريش
Bahaddi.................. باهدّي
Bahaïou.................. باهايو
Bahamid.................. باحميد
Bahane.................. بحان
Bahbouch (Ben-)........ بن بحبوش
Bahedja (El-).............. البهجة
Baheli.................. باهلي
Bahets.................. باحث
Bahhou.................. بحّو
Bahi (El-)................ الباهي
Bahi-Ed-Dine........ باهي الدين
Bahia.................. باهية
Bahloul.................. بهلول
Bahlouli.................. بهلولي
Bahouala.................. باهوالا
Bahr (El-)................ البحر
Bahri.................. بحري
Bahri (El-)................ البحري
Bahrïa.................. بحرية
Baïa.................. بعية
Baïa.................. باية
Baïk.................. بايق
Baïra.................. بعيرة
Bakas.................. باكاس
Bakchouni.............. باكشوني
Bakel.................. باعقل
Bakir.................. بكير
Bakkar.................. بقار
Bakki (Ben-)............ بن بقّي
Bakli.................. بقلي
Bakouch.................. باقوش
Bakour.................. باكور
Bakralem.................. باخالم
Bakretaoui.............. بختاوي
Bakri.................. باقري
Bala.................. بالا
Balettou.................. بالطّو
Bali.................. بالي
Ballout (Ben-)............ بن بلوط
Baloul; écrire *Bahloul*......... بهلول
Bammoun.................. بامّون
Bammour.................. بامّوز
Bandoui.................. باندوي
Bani.................. باني
Banouha.................. با نوح
Baouch.................. بعوش
Banoun.................. بعنون
Baour.................. باوغ
Bar (El-)................ البار
Bara.................. بارة
Bara.................. بعرة
Barbachane (Bou-)........ بو بربشان
Bardadi.................. بغدادي
Barech.................. بارش
Barika.................. باريكة
Barila (Ben-)............ بن بغيلة
Barka.................. بركة
Barkani, écrire *Berkani*....... بركاني
Barkat; écrire *Berkat*......... بركات
Barki (El-)................ البركي
Barla (Bou-)................ بو بغلة
Baroudi.................. بارودي
Baroukr.................. باروخ
Barrani; écrire *Berrani*...... برّاني
Ba-Saïd.................. با سعيد
Batach.................. بعطاش

Batach ... باتاش
Batouch ... بطوش
Batoul (Ben-) ... بن باطول
Batouri ... باطوري
Batta ... بطة
Battach ... بطّاش
Bechamki ... بشامكي
Bechihi ... بشيحي
Bechir; écrire *Bachir* ... بشير
Bechlâ (Ben-) ... بن بشلة
Bechri (El-) ... البشري
Bechrout ... بشروط
Beciri ... بصيري
Bedani ... بداني
Bedda ... بضّة
Beddaï ... بدّاي
Beddar (El-) ... البدّار
Beddiaf ... بالضياف
Beddja ... بجّا
Bededj ... بدج
Bedjera ... بجغا
Bedjkrikr ... بجتخيخ
Bedoui ... بدوي
Bedra ... بدرة
Bedrani (El-) ... البدراني
Bedr-Ed-Dine ... بدر الدين
Bedroun ... بدرون
Beha Ed-Dine ... بهاء الدين
Behi (El-); écrire *El-Bahi* ... الباهي
Behidja ... بهيجة
Behloul; écrire *Bahloul* ... بهلول
Beïlich ... بايليش
Beïram ... بـيرام
Beker; écrire *Bekr* ... بكّر
Bekka ... بكّة
Bekkar ... بكّار
Bekkat ... بكّات
Bekkouch ... بكّوش
Bekr ... بكر
Bekrat ... بخات
Bekri ... بكري
Bekrouch ... بخوش
Bekroukr ... بخوخ
Bekrta ... بختة
Bekrti (Ben-) ... بن بختي
Bektach ... بكتاش
Bel ... بال

Contraction des mots *Ben-El*, c'est-à-dire «fils de»; exemple : *Bel-Hadj*, بالحاج, pour *Ben-El-Hadj*, بن الحاج. *Bel* s'emploie aussi pour *Bou-El* «le père de»; exemple : *Belkacem* pour *Bou-El-Kacem*, *Belhacene* pour *Bou-El-Hacene*.

Bel-Ahouel ... بالاحول
Bel-Ahouès ... بالاحوس
Bel-Aïch ... بالعايش
Bel-Aïd ... بالعيد
Belal ... بلال
Bel-Amine ... بالامين
Bel-Aouakebi ... بالعوافبى
Bel-Arkett, écrire *Bel-Harkat* ... بالحركات
Bel-Aroui ... بالاروي
Bel-Ateuch ... بالعطش
Bel-Bosri ... بالبصري
Belcassem et Belcacem; écrire *Bel-Kacem*.
Beldia ... بلدية
Belezmi ... بلزمي
Bel-Fakeud ... بالعافد
Bel-Ferar ... بالعرار
Bel-Gassem; écrire *Bel-Kacem* ... بالقاسم
Bel-Guennoud ... بالقنود
Bel-Guermout ... بالقرموط
Bel-Guessa ... بالقصة

Bel-Haddj .... بالحاجّ
Bel-Hadjer.................. بالحجر
Bel-Hamech.................. بالحمش
Bel-Haouès; écrire *Bel-Ahouès*. بالاحوس
Bel-Haout.................. بالحوت
Bel-Harets.................. بالحارث
Bel-Harkat.................. بالحركات
Bel-Hennich.................. بالهنيش
Bel-Kacem.................. بالقاسم
Belkaï.................. بلقاي
Bel-Kerdi.................. بالكردي
Bel-Kouch.................. بالقوش
Bel-Kralfa.................. بالخلفة
Bel-Kreir.................. بالخير
Bel-Krelouat.................. بالخلوات
Bel-Krouane.................. بالخوان
Bellah.................. بلّاح
Bellil.................. باللّيل
Bellir.................. بلّير
Belloui.................. بلّوي
Belloul.................. بلّول
Belloulou.................. باللولو
Bel-Louni.................. باللوني
Bel-Ouchat.................. بالوشاط
Bel-Oufa.................. بالوفا
Bel-Ouniss.................. بالونيس
Bel-Radouch.................. بالغدوش
Bel-Rarbi.................. بالغربي
Bel-Razouti.................. بالغزوتي
Bel-Rits.................. بالغيث
Ben (*fils de*), doit se prononcer *Beun*. بن
Benina.................. بنينة
Bennoud.................. بنّود
Bent (*fille de*).................. بنت
Berach.................. بغاش
Berik.................. بريك
Berkach.................. برقاش

Berkahoum.................. برقاهم
Berkaï.................. برقاي
Berkal.................. برقال
Berkane.................. برقان
Berkani.................. برقاني
Berkat.................. برقات
Berlal.................. بغلال
Bernou (Ben-).................. بن برنو
Berrad.................. برّاد
Berrada (Ben-).................. بن برّادة
Ber-Rafour.................. بالغفور
Berrah.................. برّاح
Berrahil, pour *Ben-Er-Rahil* بن الرحيل
Berraïs, pour *Ben-Er-Raïs*.. بن الرئيس
Berrakraïl.................. بالرخايل
Berrani.................. برّاني
Ber-Redjem.................. بالرجم
Berroubi.................. بالروبي
Bertach.................. برتاش
Bessa (Ben-).................. بن بسّة
Bessam.................. بسّام
Bessara.................. بسّارة
Bessiri; écrire *Beciri*.................. بصيري
Betatach.................. بطاطاش
Betra (Bou-).................. بو بترة
Betska.................. بطسكة
Betta.................. بطّة
Bettach.................. بطّاش
Bettassa.................. بطّاسة
Bettia.................. بطّية
Bey (El-).................. الباي
Beyour (El-).................. البيور
Bezzana.................. بزّانة
Bezzermouta.................. بزّرموتة
Bezzina بزّينة pour *Bent-Zina*. بنت زينة
Bia.................. بية
Bia (Ben-).................. بن بيعة

Biala .... بيالة
Bibi .... بيبي
Bibia .... بيبية
Bilem .... بيلم
Billaha .... بلّاحة
Biram ; écrire *Beïram* .... بيرام
Birech .... بيرش
Biskeri .... بسكري
Blal ; écrire *Belal* .... بلال
Blata (Bou-) .... بو بلاطة
Bloufa ; écrire *Bel-Oufa* .... بالوفا
Bokrari (El-) .... البخاري
Borari (El-) .... البوغاري
Bordji (El-) .... البرجي
Bosli .... بصلي
Bosri (El-) .... البصري
Botros .... بطرس
Bou .... بو

Ce mot signifie non-seulement «père de», mais aussi «possédant». Exemple : Bou Barla, *le maître de la mule* ou *l'homme à la mule*.

Boucila .... بوصيلة
Bouda (Ben-) .... بن بودة
Boudali .... بودالي
Bouddou .... بودّو
Bou-Djadi .... بو جعدي
Bou-Guenna .... بو قنّة
Bou-Hali .... بو هالي
Bouhoun .... بوهون
Boukra .... بو كراع
Boukrari ; écrire *Bokrari* .... بخاري
Bouri .... بوري
Bourna .... بو غنا
Bournia .... برنية
Bou-Setta .... بو ستة
Bousta .... بوسطة
Boutalla ; écrire *Talha* (*Bou-*) .. بو طلحة
Braba ; altération de *Ben-Raba* ... بن رابة
Bradaï (El-) .... البردعي
Bradja .... براجة
Brahem .... براهم
Brahim .... إبراهيم
Braïk (Ben-) .... بن برايك
Bridja (Ben-) .... بن بريجة
Brimat .... بريمات

C

Chaa (Ben-) .... بن شعة
Chaal .... شعال
Chaba (Ben-) .... بن شعبة
Chabana .... شعبانة
Chabane .... شعبان
Chabbi .... شابّي
Chabira (Ben-) .... بن شبيرة
Chabni (Ech-) .... الشابني
Chach .... شاش
Chacha .... شاشة
Chachou .... شاشو
Chachoua .... شعشوع
Chachour (Ben-) .... بن شاشور
Chadi .... شادي
Chadli (Ech-) .... الشاذلي
Chahada .... شهادة
Chahboub .... شهبوب
Chahed (Ech-) .... الشاهد
Chaheda .... شاهدة
Chaïb .... شعيب
Chaïb (Ech-) .... الشايب
Chaïla .... شايلة

Chaïm (Ben-)............ بن شايم
Chaïr (Ben-)............ بن شاعر
Chakeur.................. شاكر
Chakir................... شكير
Chakour (Bou-)........... بو شكور
Chala (Bou-)............. بو شعالة
Chalabi.................. شلابي
Chalabïa................. شلابية
Chalal................... شعلال
Chalalou (Ben-).......... بن شلالو
Chalana.................. شعلانة
Chaloum.................. شالوم
Chamkra.................. شامكرة
Chanane.................. شعنان
Chanoun (Ben-)........... بن شعنون
Chao..................... شعوا
Chaoua................... شعوة
Chaouada................. شعوادا
Chaouch.................. شاوش
Chaoui................... شاوي
Charane.................. شعران
Charani.................. شعراني
Chared (Ben-)............ بن شارد
Charef................... شارب
Chareub (Bou-)........... بو شارب
Charikr.................. شاريخ
Chateur.................. شاطر
Chebaïki................. شبايكي
Chebana.................. شبانة
Chebba................... شبّة
Chebbi (Ben-)............ بن شبّي
Chebchouba............... شبشوبة
Chebli................... شبلي
Cheboub.................. شبوب
Cheddad.................. شدّاد
Chedik................... شديك
Chehab................... شهاب
Chehab-Ed-Dine........... شهاب الدين
Chehada (Bou-)........... بو شهادة
Chehid................... شهيد
Chehir................... شهير
Chehmi................... شحمي
Cheïda (Ben-)............ بن شايدة
Cheïkr (Ech-); écrire *Chikr*.... الشيخ
Chekara (Bou-)........... بو شكّارة
Chekkal.................. شكّال
Cheknoun................. شغنون
Chelabi; écrire *Chalabi*........ شلابي
Chelabïa; écrire *Chalabïa*...... شلابية
Chelali.................. شلالي
Chelarem (Bou-).......... بو شلاغم
Chelbabi (Ech-).......... الشلبابي
Chelbi (Ech-)............ الشلبي
Chelifa.................. شليفة
Chelih................... شليح
Chelihi.................. شليحي
Chelik (Bou-)............ بو شليق
Chelkia (Bou-)........... بو شلقيع
Chelli (Ben-)............ بن شلّي
Chelloul; altér. de *Djelloul*..... شلّول
Chelouli................. شلولي
Chelroum................. شلغوم
Chemal (Bou-)............ بو شمال
Chemama.................. شمامة
Chemdoun................. شمدون
Chemidat (Ben-).......... بن شميدات
Chemini.................. شميني
Chemlal.................. شملال
Chemma................... شمة
Chemmakr................. شمّاخ
Chemmout................. شمّوت
Chemouma (Ben-).......... بن شمومة
Chemsa................... شمسة
Chems-Ed-Dine............ شمس الدين

Chemsia.................. شمسية

Chenabel (Ben-).......... بن شنابل

Chenaf.................. شناڢ

Chenafa (Bou-)........... بو شناڢة

Chenah (Ben-)........... بن شناح

Chenak (Bou-)........... بو شناڧ

Chenane................. شنان

Chenaoui................ شناوي

Chennderli.............. شندرلي

Chenndouga (Bou-)....... بو شندوڧة

Chenni.................. شنّي

Chennoun................ شنّون

Chenntouf (Bou-)........ بو شنطوڢ

Chenoua (Bou-).......... بو شنوة

Chenouane (Ben-)........ بن شنوان

Chenouf................. شنوڢ

Chenoufi................ شنوڢي

Chenoui................. شنوي

Cheouane (Bou-)......... بو شوان

Cheraa (Ben-)........... بن شرعة

Cheragui................ شراڧي

Cherahbil............... شرحبيل

Cherar.................. شرار

Cherbi.................. شربي

Cherchali............... شرشالي

Cherchour............... شرشور

Cheref (Ben-Ech-)....... بن الشرڢ

Cherfouh (Ben-)......... بن شرڢوح

Chergui (Ech-), se prononce aussi *Cherki*.............. الشرڧي

Cherid (Bou-)........... بو شريد

Cheriet................. شرّيط

Cherif.................. شريڢ

Cherifa................. شريڢة

Cheriguene (Bou-)....... بو شريڧن

Cherit (Bou-)........... بو شريط

Cheriti................. شريطي

Cherki; même mot que *Chergui*.. شرڧي

Cherkïa................. شرڧية

Cherlala................ شرلالة

Cheta................... شتا

Chetouane............... شتوان

Chetouh................. شطوح

Chetoui................. شتوي

Chetouia................ شتويّة

Chettab................. شـطّـاب

Chettah (Ben-).......... بن شطّاح

Chettih................. شطّيح

Chettir................. شطّير

Chettouf................ شطوڢ

Chettouh................ شطّوح

Chettout (Bou-)......... بو شتّوت

Chia (Bou-)............. بو شيعة

Chiada; écrire *Chehada*........ شهادة

Chibani (Ech-).......... الشيباني

Chibi (Bou-)............ بو شيبي

Chicha (Bou-)........... بو شيشة

Chida (Ben-)............ بن شيدة

Chïet................... شيت

Chiha................... شيحة

Chihab; écrire *Chehab*......... شهاب

Chikr (Ech-)............ الشيخ

Chikra (Ben-)........... بن شيخة

Chikraoui (Ech-)........ الشيخاوي

Chikri.................. شيخي

Chil (Ben-)............. بن شيل

Chilia.................. شيلية

Chine (Ech-)............ الشين

Chinnbou................ شينبو

Chioukr................. شيوخ

Chir (Ech-)............. الشير

Chira................... شيرة

Chkara (Bou-); mieux *Chekara*. بو شكارة

Choaa-Ech-Chems......... شعاع الشمس

Choaïb .... شعيب
Chohra .... شهرة
Chotbi (Ech-) .... الشطبي
Chouala (Ben-) .... بن شوالة
Choucha (Bou-) .... بو شوشة
Choudar .... شوذار
Chouh .... شوح
Choui .... شوي
Chouia (Ben-) .... بن شوية
Chouich (Ben-) .... بن شويش
Chouicha (Ben-) .... بن شويشة
Chouichi (Ech-) .... الشويشي
Chouikr .... شويخ
Chouikra .... شويخة
Chouireb (Oum-) .... ام شويرب
Chouiter (Ben-) .... الشويطر
Choul (Bou-) .... بو شول
Choula (Ben-) .... بن شولة
Choura (Ben-) .... بن شورة
Chourar .... شورار
Chriet; écrire *Cheriet* .... شريّط
Cossentini; écrire *Kocenntini* .... قسنطيني
Coulourli .... قولوغلي

D

Daa (Bou-) .... بو دعا
Daas .... دعاس
Dabaa .... ضباعة
Dabba .... ضبّة
Dabib (Ben-) .... بن ضبيب
Dabouz .... دعبوز
Dad .... دعد
Dada .... دادا
Daddi .... دادّي
Dadene .... دادن
Dadi .... دعدي
Ce mot se prononce quelquefois *Doudi.*
Dadou .... دعدو
Dadoua .... دعدوعة
Dadouch; écrire *Dehdouch* .... دهدوش
Dafeur .... ظافر
Daha .... دحّة
Dahach .... دحاش
Dahaïa .... ضحاية
Daham .... دحام
Dahdjouh .... دحجوح
Dahdouh .... دحدوح
Dahdouha .... دحدوحة
Daheba (Ben-) .... بن داهبة
Daher .... ظاهر
Daheul .... داهل
Dahhak .... ضحاك
Dahi .... داحي
Dahlia .... دهلية
Dahmane .... دحمان
Dahmani (El-) .... دحماني
Dahmas .... دهماس
Dahmouh .... دحموح
Dahmoun .... دحمون
Dahmous .... دهموس
Dahou .... دحو
Dahoua (Ben-) .... بن ضحوة
Dahoumane .... دحومان
Dahri .... ظهري
Daïb .... دايب
Daïch .... دعيش
Daïd .... دايد
Daïf-Allah; écrire *Dif-Allah* .... ضيف الله
Daïkra (Ed-) .... الدايخة

Daïri .... دايري
Dakich .... دعكيش
Dalaa .... ضلاعة
Dalbaz .... ضلباز
Dalia (Ould-) .... ولد دالية
Damech .... دامش
Damou .... دامو
Dani .... داني
Danïa .... دانية
Danine .... ضنين
Dannga (Ben-) .... بن دنقة
Danoun .... ضنون
Daouadji .... دعوةجي
Daouaki .... ذوافي
Daoud .... داوود
Daoudi .... داوودي
Daouïa (Ed-) .... الداوية
Dar (Bou-) .... بو دار
Darani .... داراني
Darboudja .... دغبوجة
Darem; écrire *Derhem* .... درهم
Darerar (Ben-) .... بن دغرار
Dari .... داغي
Das; écrire *Daas* .... دعاس
Dau (Ed-) .... الضّوا
Debaah; écrire *Debbah* .... ذبّاح
Debbach .... دبّاش
Debbah .... ذبّاح
Debbar (Ben-Ed-) .... بن الدبّاغ
Debbous (Bou-) .... بو دبّوس
Debiani .... دبياني
Deboub .... دبوب
Dechich (Bou-) .... بو دشيش
Dechoun .... دشون
Deddouch; écrire *Dehdouch* .... دهدوش
Defeur .... ضعبر
Defous (Ben-) .... بن دفوس
Defria .... ضعرية
Deha (Bou-) .... بو دها
Dehamina (Ben-) .... بن دهامينة
Dehane .... دهان
Dehani .... دهاني
Dehaoua (Ben-) .... بن دهاوة
Dehaoui .... دهاوي
Dehbia .... ذهبية
Dehdouch .... دهدوش
Dehebi .... ذهبي
Dehelmi .... دهلمي
Dehemas .... دهاض
Dehenndji (Ben-) .... بن الدهنجي
Dehiba (Ben-) .... بن ذهيبة
Dehich (Bou-) .... بو دهيش
Dehiles .... دهيلس
Dehilis .... دهيليس
Dehimi .... دهيمي
Dehimia .... دهيمية
Dehina .... دهينة
Dehlis .... دهليس
Dehoul (Bou-) .... بو دهول
Dehouli .... دهولي
Dehouma .... دهومة
Deikra (Ben-) .... بن ديخة
Dekouane .... دكوان
Dekria (Ed-) .... الدخية
Dekril .... دخيل
Dekrila (Bou-) .... بو دخيلة
Delal (Bou-) .... بو دلال
Delennda .... دلندة
Delennoun .... دلنّون
Delfa .... دلفاء
Delhoui .... دلهوي
Delhoum .... دلهوم
Déli (Ben-) .... بن دلي
Dellaa (Bou-) .... بو دلّاع

Dellal .... دلّال
Dellci .... دلّسي
Delloula .... دلولة
Delloum .... ضلسوم
Delmi (Ben-) .... بن دلمي
Dembahri .... دمبحري
Demmouch .... دمّوش
Demria .... ظمرية
Denizli.. دنزلي, pour le mot turc دكزلو
Denndana .... دندانة
Denndane .... دندان
Denia .... دنية
Dennoun .... دنّون
Derba (Bou-); écrire *Bou-Dorba*. بو ضربة
Derbal (Ben-) .... بن دربال
Derbala (Bou-) .... بو دربالة
Derbeli .... دربلي
Derchouna .... دغشونة
Derdour .... دردور
Dergoun .... درقون
Derhem (Bou-) .... بو درهم
Derhoum (Ben-) .... بن درهوم
Deriche (Ben-) .... بن دريش
Deridi; écrire *Dridi* .... دريدي
Derifa; écrire *Drifa* .... ظريفة
Deriouch .... دريوش
Derkaoui .... درقاوي
Derk-El-Djar .... درق الجار
Derouch (Ed-) .... الدروش
Derouich (Ed-) .... الدرويش
Derradj .... درّاج
Derradji .... درّاجي
Derral (Ed-) .... الدغّال
Derrar .... ضرّار
Derras-Ech-Chouk .... درّاس الشوك
Derras-El-Lil .... درّاس الليل
Dezouich (Ben-) .... بن دزويش

Dia (Ben-) .... بن ضية
Diab (Ben-) .... بن دياب
Diaf .... ضياف
Dib (Bou-) .... بو ذيب
Dida (Ben-) .... بن ديدة
Didane .... ديدان
Didi .... ديدي
Dif .... ضيف
Dif-Allah .... ضيف اللّه
Dif (Ed-) .... الضيف
Dikes .... ديقس
Dikra (Ben-) .... بن ديخة
Dilmi .... ديلمي
Dimia (Ed-) .... الديمية
Dina (Bou-) .... بو دينة
Dinane (Bou-) .... بو دينان
Dinar (Bou-) .... بو دينار
Dine (Ed-) .... الدين
Dine (Bou-) .... بو دين
Dirama .... ضيرامة
Direch (Ed-) .... الديغش
Dis (Bou-) .... بو ديس
Dissa (Bou-) .... بو ديسة
Djaba (Bou-) .... بو جعبّة
Djab-Allah .... جاب اللّه
Djab-El-Kreir .... جاب الخير
Dja-Bellah .... جاء بالله
Djabeur .... جابر
Djaboub .... جعبوب
Djabouba (Ben-) .... بن جعبوبة
Djadalou .... جعدالو
Djadel .... جعدل
Djadi .... جعدي
Djadoun .... جعدون
Djadour .... جعدور
Djafer .... جعفر
Djahdjouh .... جحجوح

Djafri .... جعبري
Djahmouma .... جحمومة
Djaïb .... جايب
Djaïder .... جعيدر
Djaïza .... جايزة
Djalab .... جعلاب
Djanine .... جانين
Djaoua .... جاوة
Dja-Ouahdou .... جاء وحده
Djaoui (Bou-) .... بو جاوي
Djaout (Ben-) .... بن جاوت
Djarbellou .... جعبلّو
Djaroun .... جعرون
Djatit (El-) .... الجعطيط
Djazia (El-) .... الجازية
Djebara .... جبارة
Djebari (El-) .... الجباري
Djebbar .... جبّار
Djebbour .... جبّور
Djebiri (El-) .... الجبيري
Djebrane .... جبران
Djebri (El-) .... الجبري
Djedaa .... جدعة
Djedda .... جدّة
Djeddaï .... جدّاي
Djeddi .... جدّي
Djedia (El-) .... الجدية
Djedid .... جديد
Djedida .... جديدة
Djedïed .... جدّيد
Djefala .... جفالة
Djefel .... جفل
Djeffal .... جفّال
Djekab .... جكاب
Djelidi .... جليدي
Djellab .... جلّاب
Djellad .... جلّاد
Djellal .... جلّال
Djellas .... جلّاس
Djellit .... جلّيط
Djelloukr .... جلّوخ
Djelloul .... جلّول
Djellout .... جلّوط
Djelouadj .... جلواج
Djeloudi .... جلودي
Djema .... جمعة
Djemada; écrire *Djomada* .... جمادى
Djemat .... جماعت
Djemia .... جميعة
Djemil .... جميل
Djemila .... جميلة
Djemili .... جميلي
Djemline (Bou-) .... بو جملين
Djemouaï (El-) .... الجموعي
Djenadi (El-) .... الجنادي
Djenah (Bou-) .... بو جناح
Djenane (Bou-) .... بو جنان
Djenaouaï .... جناوعي
Djenaoui .... جناوي
Djenat; écrire *Djennat* .... جنّات
Djenidi .... جنيدي
Djennad (El-) .... الجنّاد
Djennane .... جنّان
Djennat .... جنّات
Djennati .... جنّاتي
Djenndeli .... جندلي
Djenni (El-) .... جنّي
Djenoun (Ben-) .... بن جنون
Djeraoui .... جراوي
Djeraoun .... جراون
Djerbi (El-) .... الجربي
Djerboua (El-) .... الجربوع
Djerïed .... جريّد
Djeriou .... جريو

Djerlaf.................... جغلاب
Djermouma.................. جرمومة
Djermoun................... جرمون
Djermouna.................. جرمونة
Djeroua (Bou-)............. بو جروة
Djerouna (Bou-)............ بو جرونة
Djerouri (El-)............. الجروري
Djerrad.................... جرّاد
Djezaïri................... جزايري
Djeziri.................... جزيري
Djidel (El-)............... الجيدل
Djilali.................... جيلالي
Djilani.................... جيلاني
Djili...................... جيلي
Djoher..................... جوهر
Djohra..................... جوهرة
Djomada.................... جمادى
Djouabi (El-).............. الجوابي
Djouadi.................... جوادي
Djoudi..................... جودي
Djouher; même mot que *Djoher*.. جوهر
Djouza..................... جوزة
Dobbat..................... ضباط
Donatdji................... دونتجي
Dorba (Bou-)............... بو ضربة
Dorbani (Ben-)............. بن ضرباني
Doreïd; écrire *Dride*........ دريد
Douadi..................... دوادي
Douani (Bou-).............. بو دواني
Douaouda................... دواودة
Doubbakr................... دباخ

Doucene (Ben-)............. بن دوسن
Douia...................... دوية
Douib...................... دويب
Douici..................... دويسي
Douidi..................... دويدي
Douka (Ben-)............... بن دوقة
Doula (Ed-)................ الدولة
Doul-Heddja................ ذو الحجة
Doul-Kada.................. ذو القعدة
Douma (Ben-)............... بن دومة
Doumi (Ed-)................ الدومي
Doumir..................... دومير
Dourmane (Ben-)............ بن دورمان
Dra (Bou-)................. بو ذراع
Drahem (Ben-).............. بن دراهم
Drahmoun (Ben-)............ بن دراهمون
Draï....................... ذراعي
Drali...................... ذرعلي
Drich (Bou-)............... بو دريش
Drici; écrire *Idrici*........ ادريسي
Dride...................... دريد
Dridech.................... ريدش
Dridi...................... دريدي
Dridia..................... دريدية
Drifa...................... ظريفة
Drifel..................... ادريفل
Dris; écrire *Idris*.......... ادريس
Dya; écrire *Dia*............. دية
Dziri; prononciation altérée de *Djezaïri* ou *Djeziri*, mais généralement adoptée; écrire *Djeziri*.

E

Ebraouï (Ben-)............. بن عبراوي
Edrissi, altération du mot *Idrici*. ادريسي
Elias...................... الياس

Emad-Ed-Dine............... عماد الدين
Embarek; écrire *Mbarek*....... مبارك
Embarka; écrire *Mbarka*....... مباركة

Emhammed; voyez *Imhammed* ... امحّمد
Emini; écrire *Amini* ... اميني
Emini (Ben-); écrire *Amini*. ... بن اميني
Emziane ... امزيان
Enani; écrire *Anani* ... عناني
Enceb ... انسب
Erfès; écrire *Refès* ... رڢس
Eulam ... اعلام
Euldja (El-) ... العلجة
Euldji (El-) ... العلجي
Euldjia ... علجية

F

Faci (El-) ... الڢاسي
Fadel (El-) ... الڢاضل
Fadil (El-) ... الڢضيل
Fadl-Allah ... ڢضل الله
Fadlaoui (El-) ... الڢضلاوي
Faffa ... ڢاڢّة
Faggouce ... ڢقوس
Faïda ... ڢايدة
Faïdi (El-) ... الڢايدي
Faïza (El-) ... الڢايزة
Fakeud ... ڢاقد
Fakrar (El-) ... الڢخار
Fakrer-Ed-Dine ... ڢخر الدين
Fakrertadj ... ڢخرتاج
Fakret ... ڢاخت
Fakrets ... ڢاخت
Fakriri ... ڢخيري
Fala (Bou-) ... بـو ڢَلا
Fallague ... ڢلاق
Far (El-) ... الڢار
Fardj-Allah ... ڢرج الله
Farès ... ڢارس
Farha ... ڢارحة
Farouga ... ڢاروقة
Farsi (El-) ... الڢارسي
Fatah ... ڢاتح
Fatali; écrire *Fath-Ali* ... ڢتح علي
Fateum ... ڢاطم
Fath-Allah ... ڢتح الله
Fatima ... ڢطيمة
Fatma ... ڢاطمة
Fatmi (El-) ... الڢطمي
Fedaoui ... ڢداوي
Fedila ... ڢضيلة
Fedoul ... ڢضول
Fekaïr ... ڢكاير
Fekirina (Bou-El-) ... بو الڢكيرينة
Fekroun (Bou-) ... بو ڢكرون
Feldja ... ڢلجة
Felidja (Bou-) ... بو ڢليجة
Felkat (Bou-) ... بو ڢلكات
Fellah (Bou-) ... بو ڢلاح
Fellouh (Ben-) ... بن ڢلوح
Fellous ... ڢلّوس
Feradi ... ڢرادي
Feradji ... ڢراجي
Ferah ... ڢراح
Ferahi ... ڢراحي
Ferchich ... ڢرشيش
Ferd (Ben-El-) ... بن الڢرد
Ferdassa ... ڢرداسة
Ferdi (El-) ... الڢردي
Feredj ... ڢرج
Ferdjioui ... ڢرجيوي
Ferfouri ... ڢرڢوري
Ferguene ... ڢرقن

Fergous .... فرقوس
Ferha .... فرحة
Ferhat .... فرحات
Ferhi .... فرحي
Ferhouh .... فرحوح
Ferhoul .... فرهول
Ferhoum .... فرحوم
Ferhoun (Ben-) .... بن فرحون
Ferid-Ed-Dine .... فريد الدين
Feridi .... فريدي
Feridja .... فريجة
Feriha .... فريحة
Ferihi (Ben-El-) .... بن الفريحي
Ferkioui; altération de *Ferdjioui*. فرقيوي
Ferkra (Ben-) .... بن فرخة
Ferli (Ben-) .... بن فرلي
Fernane (Ben-) .... بن فرنان
Fernine .... فرنين
Feroui (Ben-El-) .... بن الفروي
Feroukri .... فـروخي
Ferrach .... فراش
Ferrah .... فرّاح
Ferri (El-) .... الفرّي
Fesshal (Ben-El-) .... بن الفسحال
Feth-Ez-Zahar .... فتح الزهر
Fetitoum .... فطيطوم
Fetticha .... فتّيشة
Fettouch .... فتّوش
Fettoucha .... فتّوشة
Fettoum .... فطوم
Fiala .... فيالة
Fifi .... فيفي
Filali (El-) .... الفيلالي
Firoud (Ben-) .... بن فيرود
Fiz-Allah .... فيز الله
Fizi .... فيزي
Flici .... فليسي
Flidjane .... فليجان
Fliti .... فليتي
Fodda .... فضّة
Foddad .... فضّاض
Fodil (El-) .... الفضيل
Forlou .... فغلو
Fortala (El-) .... الفرتالة
Foudad .... فوداد
Foudil .... فضيل
Foufa .... فوفة
Fouka (Ben-) .... بن فوقا
Foundou .... فوندو
Fouta (Ben-) .... بن فوطا
Fraddi; écrire *Feradi* .... فرادي
Frea; écrire *Feriha* .... فريحة
Frehah; écrire *Feriha* .... فريحة
Frendi (El-) .... الفرندي
Fridi; écrire *Feridi* .... فريدي
Fridja (Ben-); écrire *Feridja*. بن فريجة
Friha; écrire *Feriha*. .... فريحة

G

Gabour (Ben-) .... بن قابور
Gachtouli; écrire *Guechtouli* ... قشطولي
Gadiri .... قديري
Gadouch .... قادوش
Gahfif .... قحفيف
Gaïd (El-); écrire *El-Kaïd* ..... القايد
Galfalla, écrire *Kralf-Allah* .. خلف الله
Gana .... قانة
Gandouz (El-); mieux *Guenndouz*. القندوز
Ganoun .... قعنون

Gantour .... قنطور
Garnouti.................... قرنوطي
Gassi, mieux *Kaci*............ قاسي
Gattach .... قطّاش
Glouch...................... قلوش
Gormala..................... قرمالة
Gorra....................... قرّة
Goucem .... قسم
Gouchach.................... قوشاش
Gouizi (El-)................ القويزي
Goumidi..................... قوميدي
Gourdjdal................... قرجدال
Gourich; écrire *Korich*........ قريش
Gourina..................... قرينة
Gourine..................... قرين
Gouroumi.................... قرومي
Graba (Ben-); écrire *Gueraba*.... غرابة
Greïch; altération de *Korich*..... قريش
Grernout; écrire *Rernout*....... غرنوط
Gribi; écrire *Keribi*.......... قريبي
Guebrili.................... قبريلي
Guechechi (El-)............. القشّي
Guechrir (Bou-)............. بو قشرير
Guechtouli.................. قشطولي
Gueddjali................... قجّالي
Gueddoudj................... قدّوج
Guedoua (Ben-).............. بن قدوة
Guedoun .... قدون
Gueffaf..................... قفّاف
Guellada (Bou-)............. بو قلادة
Guellel .... قلّال
Guellil (El-)............... القلّيل
Guelmouna (Bou-)............ بو قلمونة
Guelnouch................... قلنوش
Gueltoum; écrire *Keltsoum*..... كلثوم
Gueltsoum; écrire *Keltsoum*..... كلثوم
Guemali (El-)............... القمالي
Guemha (Ben-)............... بن قمحة
Guemira..................... قميرة
Guemra...................... قمرة
Guemraoui................... قمراوي
Guenab (Ben-)............... بن قناب
Guendoura (Bou-); écrire *Bou-Kanndoura*.............. بو قندورة
Guenif (Ben-)............... بن قنيف
Guenine (Bou-).............. بو قنين
Guenndouz .... قندوز
Guennfis.................... قنفيس
Guennoud.................... قنّود
Guennoun.................... كنّون
Guennouni................... كنّوني
Guerab (Bou-)............... بو قراب
Gueraba..................... غرابة
Guerada (Ben-).............. بن قرادة
Gueradi (Ben-).............. بن قرادي
Guerba...................... قربة
Gueria (Bou-)............... بو قرية
Guerim .... قريم
Guermah..................... قرماح
Guermda (Bou-).............. بو قرمدة
Guermi...................... قرمي
Guermia..................... قرمية
Guermoul (Ben-)............. بن قرمول
Guermout (Ben-)............. بن قرموط
Guernane .... قرنان
Guerne (Ben-)............... بن قرن
Guerouaz.................... قرواز
Guerra...................... قرّة
Guerrab..................... قرّاب
Guerrach.................... قراش
Guesmi...................... قسمي
Guesmia..................... قسمية
Guessa...................... قصّة
Guessaïr.................... قصاير

Guetaï.................... قطاي
Guetaïa (Bou-)............ بو قطاية
Guetech................... قطش
Guettaf................... قطّاف
Guettel................... قتّال
Guettich.................. قطّيش
Guezzoul.................. قزّول

Guidji.................... قيجي
Guidoum (El-)............. القيدوم
Guima (Bou-).............. بو قيمة
Guimane (Ben-)............ بن قيمان
Guissi.................... قيصّي
Guiz...................... قيز

H

Habbouch.................. حبّوش
Habbouchi................. حبوشي
Habchi (El-).............. الحبشي
Habchïa................... حبشية
Habech.................... حبش
Habel..................... هابل
Habi...................... حبي
Habib (Bou-).............. بو حبيب
Habib (El-)............... الحبيب
Habiba (El-).............. الحبيبة
Habibès................... حبيبس
Hablel.................... حبلال
Habrach................... حبراش
Hacene.................... حسن
Hachaïchi (El-)........... الحشايشي
Hachem.................... هاشم
Hachemi (El-)............. الهاشمي
Hachlaf................... حشلاف
Hachmi.................... حشمي
Hachou.................... حشو
Hacina.................... حسينة
Hacine.................... حصين
Hadarat (El-)............. الحضرات
Hadda..................... حدّة
Haddad (El-).............. الحدّاد
Haddi (Bou-).............. بو حدّي
Haddj (El-)............... الحاجّ

Haddjadj.................. حجّاج
Haddji.................... حاجّي
Haddjout.................. حجّوط
Haddou.................... حدّو
Haddouch.................. حدّوش
Hadef (Ben-El-)........... بن الهادف
Hadhoum................... حدهم
Hadi (El-)................ الهادي
Hadil..................... هديل
Hadja (Bou-).............. بو حاجة
Hadjeb.................... حاجب
Hadjene (El-)............. الحجن
Hadjer.................... هاجر
Hadjerès.................. حجرس
Hadjidj................... حجيج
Hadjila (El-)............. الحجيلة
Hadjira (Bou-)............ بو حجيرة
Hadjla.................... حجلة
Hadjou.................... حاجو
Hadjoudj.................. حجوج
Hadri (El-)............... الحضري
Hadroug................... حضروق
Haffaf (El-).............. الحفّاف
Hafid..................... حفيظ
Hafida.................... حفيظة
Hafs...................... حفص
Hafsi (El-)............... الحفصي

Hafsia .... حفصية
Hafssa .... حفصة
Haï .... حي
Haïane .... حيان
Haïda .... هايدة
Haïdech .... هايدش
Haïdouch .... حيدوش
Haïem .... هايم
Haïfa (El-) .... الهايفة
Haïk (Bou-) .... بو حايك
Haïkoum .... حيكوم
Haïl .... حايل
Haïna (El-) .... الهاينة
Haïouni (El-) .... الحيوني
Haïrech .... حيرش
Haït (Bou-) .... بو حايط
Hakim .... حكيم
Hakimi .... حكيمي
Hakkoum .... حكوم
Hala .... هالة
Halès (El-) .... الحالس
Halfaïa (Bou-) .... بو حلفاية
Halfaoui (El-) .... الحلفاوي
Halfoun .... حلفون
Halgoum (El-) .... الحلقوم
Halima .... حليمة
Halimouch .... حليموش
Halis .... هاليس
Halla (Ben-) .... بن حلة
Halli (Ben-) .... بن حلي
Haloua (El-) .... الحلوة
Halouani .... حلواني
Halouch .... حلوش
Haloul (Bou-) .... بو حلول
Halouma .... حلومة
Hamadach .... حماداش
Hamadou .... حمادو
Hamadouch .... حمادوش
Hamama .... حمامة
Hamassa .... حماسة
Hamda .... حمدة
Hamdach .... حمداش
Hamdane .... حمدان
Hamdani (El-) .... الحمداني
Hamdi .... حمدي
Hamdine .... حمدين
Hamdini .... حمديني
Hamdouch .... حمدوش
Hamdoun .... حمدون
Hamdouna .... حمدونة
Hamed .... حامد
Hamed ; mauvaise prononciation d'*Ahmed* .... احمد
Hamel .... حامل
Hamenni .... هامنّي
Hamhoum .... حمحوم
Hamiani .... حمياني
Hamich .... حميش
Hamici (El-) .... الحميسي
Hamid .... حميد
Hamida .... حميدة
Hamidat .... حميدات
Hamidatene .... حميداتن
Hamidou .... حميدو
Hamidouch .... حميدوش
Hamila (Ben-) .... بن هميلة
Hamimed .... حميمد
Hamimi .... حميمي
Hamitouch .... حميطوش
Hamla .... حملة
Hamlaoui .... حملاوي
Hamlat .... حملات
Hammach .... حمّاش
Hammad .... حمّاد

Hammada	حمّادة
Hammadi	حمّادي
Hammal (El-)	الحمّال
Hammama	حمّامة
Hammani	حمّاني
Hammar (El-)	الحمّار
Hammia	حمّية
Hammich	حمّيش
Hammou	حمّو ou حمو
Hammouch	حمّوش
Hammoud	حمّود
Hammouda	حمّودة
Hammouia	حمّوية
Hamnach	حمناش
Hamouch	حموش
Hamra (El-)	الحمراء
Hamrani	حمراني
Hamraoui (Ben-)	بن حمراوي
Hamri (El-)	الحمري
Hamza	حمزة
Hamzaoui	حمزاوي
Hanech (El-)	الحنش
Hanhane	حنحان
Hani	هاني
Hania	هانية
Hanich	حنيش
Hanifa	حنيفة
Hanifi (El-)	الحنيفي
Hanine	حنين
Hanna	حنّة
Hannach (El-)	الحنّاش
Hannachi	حناشي
Hannane	حنان
Hannich	حنّيش
Hannoufa	حنّوفة
Haoua	حوا
Haouach	حواش
Haouari (El-); écrire *Houari*	الهواري
Haouas (El-)	الحوّاس
Haouatia	حوانية
Haouch (El-)	الحوش
Haouchi	حوشي
Haoudedj (Ben-)	بن هودج
Haoufani (El-)	الحوفاني
Haouia (Bou-)	بو حاوية
Haouili	هاويلي
Haouiou (El-)	الحويوا
Haouli (El-)	الحولي
Haoussine; écrire *Hoceïne*	حسين
Haoutia	حاوتية
Harakti	حراكتي
Harch	حرش
Harcha	حرشة
Harefraf	حرفراف
Harès (Bou-El-)	بو الحارس
Harets	حارث
Harfouch (El-)	الحرفوش
Harhour	حرحور
Harim	حريم
Harir	حرير
Harira	حريرة
Harissa	حريصة
Harkat	حركات
Harkati	حركاتي
Harouf; écrire *Heurouf*	حروف
Haroun	هارون
Harouna	هارونة
Harous (Ben-)	بن حروس
Harr	حرّ
Harrats	حرّات
Harrouch (Ben-)	بن حروش
Hartouf	حرطوف
Harz (Ben-)	بن حرز
Harz-Allah	حرز الله

Harziouch................ حرزيوش
Hassa (Ben-)............ بن حسّة
Hassane.................. حسّان
Hassena; écrire *Hassna*....... حسنة
Hassene; écrire *Hacene*........ حسن
Hassina; écrire *Hacina*....... حسينة
Hassine; écrire *Hacine*....... حصين
Hassna.................... حسنة
Hassnaoui (El-).......... الحسناوي
Hassni.................... حسني
Hassoun.................. حسّون
Hassouna................. حسونة
Hatem (Ben-)............ بن حاتم
Hattab (El-)............. الحطّاب
Hazerdja; écrire *Hezerdja*...... هزرجة
Hazia (El-)............... الحازية
Hazila; écrire *Hezila*......... هزيلة
Hebala.................... هبالة
Hebila..................... هبيلة
Heboub.................... هبوب
Hebri (El-)............... الهبري
Hecham................... هشام
Hedda..................... هدة
Heddad (El-); écrire *Haddad*... الحدّاد
Heddadi (Ben-); écrire *Haddadi*............. بن حدادي
Heddi; écrire *Haddi*......... حدّي
Heddou (Bou-)............ بو هدّو
Hedef (El-)............... الهدب
Hedil; altération de *Hodeïl*..... هذيل
Hedir (Bou-)............. بو هدير
Heimene (El-)............ الحيمن
Heina..................... هينة
Helal...................... هلال
Helilfi.................... هليلفي
Helilou................... هليلو
Hella...................... هلة
Hellef (Ben-)............ بن حلّف
Hellou (Ben-)............ بن هلو
Helouassa................ هلواسة
Hemdane.................. همدان
Hemdani (El-)............ الهمداني
Hemdja (El-)............. الهمجة
Hemioud.................. حميود
Hemiouda................. حميودة
Hemki (El-).............. الهمكي
Hemmal (El-)............. الهمّال
Hemmats.................. همّات
Hemmi..................... همّي
Hemsassa.................. همساسة
Henaou (El-)............. الهناو
Hend; écrire *Hinnd*......... هند
Henïa..................... هنية
Henich (Ben-)............ بن حنيش
Hennaïa................... هناية
Hennane.................. هنّان
Hennbour................. هنبور
Henndel.................. هندل
Henni..................... هنّي
Hennich.................. هنّيش
Hennsni.................. هنسني
Henouane (El-)........... الهنوان
Herbi..................... هربي
Hernane.................. هرنان
Herouda.................. هرودة
Herouel (Ben-)........... بن هرول
Herz-Allah; écrire *Harz-Allah*. حرز الله
Hessaci................... حساسي
Hetraf (El-)............. الهتراب
Hettak (El-)............. الهتّاك
Heumici (El-)............ الحميسي
Heurfa.................... حرفة
Heurouf (El-)............ الحروب
Hezerdja.................. هزرجة

Heusseïn (El-); écrire *Hoceïne*.. الحسين
Hezila.................... هزيلة
Hia...................... حية
Hiba (Ben-)............... بن هبة
Hibet-Allah............... هبة الله
Hicham; écrire *Hecham*........ هشام
Hilabia................... حيلابية
Hilal..................... هلال
Hilem..................... هيلم
Hinnd..................... هند
Hirech.................... هيرش
Hizia..................... هيزية
Hoceïne................... حسين
Hocini.................... حسيني
Hodeil.................... هذيل
Homani; écrire *Omani*......... عماني
Horma..................... حرمة
Horr (El-)................ الحرّ
Horra (El-)............... الحرّة
Horri (El-)............... الحرّي
Horria (El-).............. الحرّية
Hosseine; écrire *Hoceïne*...... حسين
Hossini; écrire *Hocini*....... حسيني
Hossni.................... حسني
Houamdi (El-)............. الحوامدي
Houari (El-).............. الهواري
Houba..................... حوبة
Houch (El-); écrire *Haouch (El-)*. الحوش
Houd...................... هود
Houf (Bou-)............... بو هوب
Houfaf.................... حوفاب
Houga..................... حوقة
Houidech.................. حويدش
Houma..................... حومة
Houmel.................... حومل
Houria.................... حورية
Houssine; écrire *Hoceïne*..... حسين
Hout (Bel-)............... بالحوت
Hout (Bou-El-)............ بو الحوت

I

Iboudracen................ ابودغاسن
Ibrahim; se prononce *Brahim* en Algérie.................. ابراهيم
Ibrir..................... ابرير
Ibziz..................... إبزيز
Icherriti................. يشرّيطي
Ichou..................... يشو
Iddou..................... يدّو
Idir...................... يدير
Idreg..................... يدرق
Idrici.................... إدريسي
Idris..................... إدريس
Ieddir; écrire *Idir*.......... يدير
Ifrah..................... يفراح
Iftene.................... يفتن
Iheddadene (Ben-)......... بن يحدادن
Ikkour.................... يغور
Ikrelef................... يخلف
Ilias..................... إلياس
Illès..................... إلّس
Imarazene................. يمارازن
Imhammed; altération berbère de *Mohammed;* on l'emploie quelquefois comme un nom propre tout-à-fait distinct de celui-ci. إمحمّد
Immouna................... إمّونة
Inal...................... ينال
Inngliz................... اينكليز

Iratni .... يراتني
Irid .... يريد
Irmoracene .... يغموراسن
Irnatene .... يرناتن
Ishak .... إسحق
Iskannder .... اسكندر
Ismaël, souvent prononcé *Smaël*
et *Smaïl* en Algérie .... إسماعيل
Israël .... إسرايل
Issad .... يسعد
Isseri (El-) .... اليسّري
Itmacene .... يتماسن
Izza (Ben-) .... بن يزة

K

Kab .... قعب
Kabach .... قباش
Kabara .... قبارة
Kabcha .... كابشة
Kabi (Ben-) .... بن قعبي
Kabiri .... قبيري
Kaboub .... قعبوب
Kabouch .... قابوش
Kaboucha .... قبوشة
Kabouia (Ben-) .... بن كابوية
Kabour .... قبور
Kaboura (Ben-) .... قبورة
Kabous (Bou-) .... ابو قابوس
Kabri (El-) .... الكعبري
Kaceiba .... قصيبة
Kacem .... قاسم
Kacemi .... قاسمي
Kachkouch .... قشغوش
Kaci .... قاسي
Kada .... قادة
Kaddach .... قدّاش
Kaddada .... قدّادة
Kaddari .... قدّاري
Kaddou .... قدّو
Kaddour .... قدّور
Kadem .... قادم
Kadi .... قاضي
Kadouma .... قدومة
Kadoun .... قادون
Kadous .... قادوس
Kadra .... قدرة
Kadri .... قدري
Kafi .... كافي
Kafsi (El-) .... القفصي
Kahia .... كحية
Kahil .... كحيل
Kahli .... كحلي
Kahlouch .... كحلوش
Kahna .... قاهنة
Kahouadji .... قهوهجي
Kaïa ; écrire *Kahia* .... كحية
Kaïbi (El-) .... الكعيبي
Kaïbich .... قايبيش
Kaïcerli .... قيصرلي
Kaïd (Bel-) .... بل قايد
Kaïd (El-) .... القايد
Kaïla .... قايلة
Kaïma (El-) .... القايمة
Kaïs .... قيس
Kaka .... كاكا
Kalaï .... قلاعي
Kalaïdji .... قلايجي
Kalfa .... قلفة
Kalich (Ben-) .... بن قليش

Kalkoul … قلقول
Kaloul (Ben-) … بن قلول
Kamar … قمر
Kamel (El-) … الكامل
Kamh-Allah … قمح الله
Kamich (Bou-) … بو قميش
Kamir … قمير
Kamira (Ben-) … بن قميرة
Kamla (El-) … الكاملة
Kammoura … قمّورة
Kamra … قمرة
Kanach … كاناش
Kanem (Bou-) … بو كانم
Kanndouci … قندوسي
Kanndoura (Bou-) … بو قندورة
Kanntouch … قنطوش
Kanoui … قنوي
Kanoun … قانون
Kaouadji; écrire *Kahouadji* … قهوهجي
Kaouda (Ben-) … بن قعودة
Kaoui (El-) … القوي
Kara … قره ou قرا
Karaboudji … قرابوجي
Karar (El-) … الكعرار
Karbia … قربية
Karbich (Ben-) … بن قربيش
Karfi (Ben-El-) … بن القرفي
Kari (Bou-) … بو قاري
Karich … قعريش
Karnachi … قرناشي
Karoun … قارون
Karour … كارور
Karrach … قرّاش
Kassa … قصّة
Kassaci … قصاصي
Kasseïba; écrire *Kaceïba* … قصيبة
Kassem; écrire *Kacem* … قاسم
Kassemi (El-); écrire *Kacemi* … القاسمي
Kassi; écrire *Kaci* … قاسي
Kassmïa … قسمية
Kastali … قسطالي
Kateb … كاتب
Kateuf (El-) … القاطع
Katlane … قطلان
Kazzaz (El-) … القزّاز
Kebabi (El-) … الكبابي
Kebah … كباه
Kebbab … كبّاب
Kebch (Ben-El-) … بن الكبش
Kebchar … قبشار
Kebdani … كبداني
Kebir (El-) … الكبير
Kebladj … قبلاج
Keblouti … كبلوطي
Kecelni … كسالني
Kechabia (Ben-) … بن قشابية
Kechadi … كشادي
Kechaf … كشاف
Kechata … كشاتة
Kechbia … كشبية
Kechida … كشيدة
Kechlia (Bou-) … بو كشلية
Kechmir … كشمير
Kechroud … كشرود
Kecila … كسيلة
Kecir … قصير
Kecira … قصيرة
Kedim (Bou-) … بو قديم
Kedira (Bou-) … بو قديرة
Kedjoual … قجوال
Kedouar … قدوار
Kedouma … قدومة
Kefane … كفان
Kefif … كفيف

Kefifa .... كفيفة
Kefs .... كفس
Kehane .... كهان
Kelachi (Bou-) .... بو فلاشي
Kelaï (El-) .... القلعي
Kelaouz .... فلاوز
Kelaouzi .... فلاوزي
Kelif (Bou-) .... بو فليف
Kelikra .... كليخة
Kelila .... كليلة
Kelilich .... فليليش
Kelkaf .... كلكاف
Kelkhal; écrire *Krallkral* .... خلخال
Kelkra (Bou-) .... بو كلخة
Kella .... كلّة
Kelli .... كلّي
Kellouch .... فلوش
Kelloud .... فلود
Keloucha (Bou-) .... بو فلوشة
Keltoum: écrire *Keltsoum* .... كلثوم
Keltsoum .... كلثوم
Kemach (Ben-) .... بن قماش
Kemal-Ed-Dine .... كمال الدين
Kemch .... قمش
Kemir; écrire *Kamir* .... قمير
Kemira; écrire *Kamira* .... قميرة
Kemkem .... قمقم
Kemmad .... كمّاد
Kemmane .... كمّان
Kemmas .... كمّاس
Kemmoum .... قموم
Kemmoun (Ben-) .... بن كمّون
Kemmoura .... قمّورة
Kenani .... كناني
Kenaoui .... قناوي
Kenaza .... كنازة
Kenine (Bou-) .... بو قنين
Kenis (Bou-) .... بو كنيس
Kennbouch .... كنبوش
Kenndir (Ben-El-) .... بن الكندير
Kennouch .... قنّوش
Kenoudj .... كنوج
Kerana (Bou-) .... بو قرانة
Keraouch .... قرعوش
Kerboua .... كربوع
Kerboub .... قربوب
Kerbouch .... كربوش
Kerbout .... قربوط
Kerch (Bou-); écrire *Keurch* .... بو كرش
Kerchach .... قرشاش
Kerdjoudj .... قرجوج
Kerfa (El-) .... الكرفة
Kerfah .... كرفاح
Kerfal .... كرفال
Kerfassa .... كرفاصة
Kerfia .... كرفية
Kerfouf .... قرفوف
Kerfouh .... كرفوح
Keriba .... كريبع
Keribi .... قريبي
Keribich .... كريبيش
Kericha (Bou-) .... بو قريشة
Kerichi .... كريشي
Kerid .... قريد
Kerima .... كريمة
Kerime .... كريم
Kerimed .... قريمد
Kerimou .... كريمو
Kerine .... قرين
Kerk (Bou-) .... بو كرك
Kerkar .... قرقار
Kermach .... قرماش et كرماش
Kermia (Ben-) .... بن كرمية
Kermich .... كرميش

Kermouch................ كرموش
Kermoun................ قرمون
Kermous................ كرموس
Kernane................ كرنان
Keroua................ كروة
Kerouach................ قرواش
Kerouani; altération de *Kirouani*. قيرواني
Kerouchia................ كروشية
Keroun................ كرون
Kerouna................ قرونة
Kerraï................ كرّاي
Kerrana................ كرّانة
Kerrouch (Bou-)........ بو كرّوش
Kerroum (Ben-)........ بن كرّوم
Keskas................ كسكاس
Kessal................ كسّال
Kessali................ كسالي
Kessar................ قصار
Kessara................ قصارة
Kessila; écrire *Kecila*........ كسيلة
Kessira (Ben-); écrire *Kecira*. بن كسيرة
Ketani (El-)............ الكتاني
Kettab (Ben-)............ بن كتّاب
Kettam................ كتّام
Keumir; écrire *Kamar*.......... قمر
Keurch (Bou-)............ بو كرش
Kezadri (El-)............ القزادري
Kezouna (El-)............ القزونة
Kezzoul................ قزّول
Kezzoula (Bou-)........ بو قزولة
Kicha (Ben-)............ بن كيشة
Kichou................ قيشوا
Kif (Ben-El-)............ بن الكيف
Kifouch................ قيفوش
Kihoul................ كيحول
Kikod................ كيكوظ
Kina (Ben-El-)........ بن القينة

Kinani................ كناني
Kinaoui; écrire *Kenaoui*........ قناوي
Kiouane................ كيوان
Kired (Ben-El-)........ بن الكيرد
Kirouani................ قيرواني
Kitchah................ كتشاه
Kni (Bou-)............ بو كني
Kobbi (El-)............ القبّي
Koceiba................ قصيبة
Koceir................ قصير
Kocenntini................ قسنطيني
Kodjat................ قجاط
Koheïl................ كحيل
Kohol................ كحل
Kokao................ قوقاو
Koliel................ قُليّل
Kolli (El-)............ القلي
Konntar (Ben-)........ بن قنطار
Korbane (Ben-)........ بن قربان
Korchi................ قرشي
Korci (Bou-)............ بو كرسي
Korcita (Ben-)........ بن قرسيتة
Korich................ قريش
Korichi (El-)............ القريشي
Kortobi................ قرطبي
Kossaïla................ قصيلة
Kosseiba (Bou); écrire *Koceiba*. بو قصيبة
Kosseir; écrire *Koceir*.......... قصير
Kossentini; écrire *Kocenntini*. قسنطيني
Kouach................ كواش
Kouachi................ كواشي
Kouaoua................ قواوة
Koubaï (El-)............ الكوباي
Koubisa; écrire *Krobiza*....... خبيزة
Koucem................ كوسم
Koucha (Bou-)............ بو كوشة
Koudil................ كوديل

Kouïa (Bou-)............ بو فوية
Kouider............ فويدر
Koulna (Bou-)............ بن فولنا
Kounnas............ كونّاس
Kourdali............ كوردلي
Kouribech............ فريبش
Kourti............ فرطي
Koutchouk............ كوچك
Kra (Bou-)............ بو كرا
Krabbaza............ خبّازة
Krabile (Ben-)............ بن خبيل
Krachaï (Ben-)............ بن خشاي
Krachni............ خشني
Krachouch............ خاشوش
Kradidja............ خديجة
Kradir (El-)............ الخضير
Kradira (El-)............ الخضيرة
Kradoudja............ خدوجة
Kradra............ خضرة
Kradria............ خضرية
Kraïne............ خاين
Krala (Bou-)............ بو خلا
Kraled............ خالد
Kraledi (El-)............ الخالدي
Kralef............ خالف
Kralfa............ خلفة
Kralf-Allah............ خلف الله
Kralfat............ خلفات
Kralfi............ خلفي
Kralfoun............ خلفون
Kralifi (Ben-)............ بن خليفي
Kralkral (Bou-)............ بو خلخال
Krallafi (Ben-)............ بن خلّافي
Kraloua (Bou-)............ بو خلوة
Kramci............ خمسي
Kramdja............ خامجة
Kramès............ خامس
Kramkram............ خمخم
Krammar (Ben-)............ بن خمار
Krammas............ خمّاس
Kramsa (El-)............ الخمسة
Kranech............ خانش
Kranfour (Bou-)............ بو خنفر
Karnnous (Bou-); écrire *Krennous*............ بو خنّوس
Kraoua (Bou-)............ بو خوى
Kraouda (Ben-)............ بن خوضة
Kraoun (Ould-El-)............ ولد الخاون
Kraous............ خاوس
Krarboubi............ خربوبي
Krarbouch............ خربوش
Krarchi............ خرشي
Krarez (El-)............ الخرز
Krarfi............ خرفي
Krarkrar (Ben-)............ بن خرخر
Kraroua............ خرواع
Krarri (Ben-)............ بن خرّي
Krarrouba............ خروبة
Krarroubi............ خرّوبي
Krarroufa............ خرّوفة
Kratem (Bou-)............ بو خاتم
Kratir (El-)............ الخاطر
Krattab............ خطاب
Krattabi............ خطابي
Krazna (Ben-)............ بن خزنة
Kraznadar............ خزنه‌دار
Kraznadji (El-)............ الخزنه‌جي
Krebati (El-)............ الخباطي
Krebbab............ خبّاب
Krebouz............ خبوز
Krechaï; écrire *Krachaï*............ خشاي
Krechouch............ خشوش
Kredda............ خدّة
Kreddis............ خدّيس

Kredidja ; écrire *Kradidja* .... خديجة
Kredim-Allah .... خديم الله
Kredir (El-) ; écrire *El-Kradir* .. الخضير
Kredira (El-) ; écrire *El-Kradira*. الخضيرة
Kredouna .... خدونة
Kredra ; écrire *Kradra* .... خضرة
Kredria ; écrire *Kradria* ...... خضرية
Krefach................ خفّاش
Krefi (El-) .... الخفي
Kreir (El-) .... الخير
Kreira .... خيرة
Kreir-Ed-Dine.......... خير الدين
Kreiri (Bel-)............. بالخيري
Krelafi (El-)............. الخلافي
Krelf-Allah ; écrire *Kralf-Allah*. خلف الله
Krelid.................. خليد
Krelif.................. خليف
Krelifa .... خليفة
Krelil .... خليل
Krelkral (Bou-) ; écrire *Kral-kral* .... بو خلخال
Krelladi .... خلّادي
Krellaf................. خلّاف
Krellouf................. خلّوف
Kreloufi .... خلّوفي
Krelouat .... خلوات
Krelouf................. خلوف
Krelout .... خلوط
Kremagueni............. خماقني
Kremati (Ben-).......... بن خماطي
Kremici .... خميسي
Kremidja................ خميجة
Kremili (El-).............. الخميلي
Kremis (Bou-) .... بو خميس
Kremissi ; écrire *Kremici*...... خميسي
Kremmar ; écrire *Krammar*...... خمّار
Kremnou................ خمنو

Krenat .... خنات
Krenatsa.............. خناثة
Krenchach.............. خنشاش
Krenich................ خنيش
Krennaba .... خنّابة
Krennouci .... خنوسي
Krennouna .... خنّونة
Krennous.............. خنّوس
Krerabi (El-)............. الخرابي
Krerbouch.............. خربوش
Krerchoufa (Bou-)....... بو خرشوفة
Krerfi .... خرفي
Krerici (El-)............ الخريصي
Krerif (El-)............. الخريف
Krermane (Ben-)......... بن خرمان
Krermouch............. خرموش
Krermoucha .... خرموشة
Kreroubа ; écrire *Krarrouba*.... خروبة
Krerouf................ خروف
Krerroufa ; écrire *Krarroufa*.... خرّوفة
Krerteba (Ben-).......... بن خرتبة
Kretli (Ben-)............ بن كرتلي
Krettabi (El-) ; écrire *Krattabi*. الخطابي
Krettouma .... ختّومة
Krezibi (Ben-)......... بن خزيبي
Krezzar............... خزّار
Krial.................. خيال
Krïat (El-)............... الخياط
Krichi ; écrire *Korichi* .... فريشي
Krida (Ben-)............. بن فريدة
Krider .... خضر
Krif (Ben-)............. بن خيعب
Krikab (Bou-)........... بو فريغاب
Krima .... خيمة
Krimech .... خيمش
Krine ; écrire *Kerine*.......... فرين
Kritli .... فريتلي

Kritouch. . . . . خيتوش
Krobiza (Ben-). . . . . بن خبيزة
Krobizi . . . . خبيزي
Krobza. . . . . خبزة
Krobzaoui (El-) . . . . الخبزاوي
Krodja. . . . . خوجة
Krodra; écrire *Kradra*. . . . . خضرة
Krouass (Ben-El-). . . . . بن الخوّاص
Krouchane. . . . . خوشان
Krouchi (Ben-). . . . . بن خوشي
Krouda (Bou-). . . . . بو خودة
Krouidem (Ben-). . . . . بن خويدم
Krouiled. . . . . خويلد
Kroukha. . . . . خوخة
Krour (Ben-). . . . . بن خور
Ksal; écrire *Kessal*. . . . . كسال
Ksiba. . . . . قصيبة
Ksouri (El-) . . . . الغصوري

L

Labane. لعبان
Labbouz. . . . . لبّوز
Labiod; pour *El-Abiod*. . . . . الابيض

Les formes des noms propres dans lesquelles l'article *El* a été changé en *L* et dont plusieurs cas s'offrent dans cette page et dans la page suivante, sont consacrées par l'usage et doivent être acceptées.

Lacheb; pour *El-Acheb*. . . . . . . العشب
Lachmi; pour *El-Hachemi*. . . . . الهاشمي
Lafia; pour *El-Afïa* . . . . العافية
Lahdi; pour *El-Hadi*. . . . . الهادي
Lahlah . . . . لحلح
Lahlès; pour *El-Ahlès* . . . . الاحلس
Lahmar; pour *El-Ahmer*. . . . . . . الاحمر
Lahouel; pour *El-Ahouel*. . . . . . الاحول
Laïch (El-); pour *El-Aïch* . . . . . العايش
Laïfa. لايفة
Laïredj. . . . . لايرج
Lakdem (Bou-); pour *El-Akdem*. الاقدم
Lakhal; voyez *Lekhal* . . . . الاكحل
Lakheder; pour *El-Akredar* . . . الاخضر
Lakiri; pour *El-Akeri* . . . . العكري
Lakma (Bou-). . . . . بو لقمة
Lakmane. . . . . لقمان
Lalla. . . . . لالّه
Lallahoum . . . . لالّاهم
Lallia. لالّية
Lallouna. . . . . لالّونة
Lametayé; pour *El-Amtaï*. . . . . الامتاعي
Lamrani; pour *El-Amrani*. . . . . العمراني
Lamri; pour *El-Amri*. . . . . العمري
Lanaïa; pour *El-Anaia*. . . . . العناية
Larbi; pour *El-Arbi*. . . . . العربي
Lareche; pour *El-Ahrech*. . . . . . الاحرش
Larouati; l'usage a consacré *Laghouati;* la bonne orthographe est *El-Arouati*. . . . . الاغواطي
Lassene. . . . . لاسن
Lattayé; pour *El-Ataï*. . . . . العطاي
Lazreg; pour *El-Azreug*. . . . . . . الازرق
Lebahr; pour *El-Bahr* . . . . البحر
Lebene (Bou-) . . . . بو لبن
Lebida. . . . . لبيدة
Lebna (Ben-) . . . . بن لبنة
Lebnache (Ben-). . . . . بن لبناش
Lèbnane (Ben-). . . . . بن لبنان
Lechlèch . . . . لشلاش
Lefgoune. . . . . لفكون
Lefrad (Bou-); pour *Bou-El-*

Afrad .... بو الافراد

Lehlah (Ben-) .... بن لحلاح

Leila; écrire *Lila* .... ليلة

Lekbadj .... لكباج

Lekhal; pour *El-Akhal* .... الاكحل

Lekrader .... لخاضر

Lellaou .... للاو

Lelloucha .... للوشة

Lellouchi .... للوشي

Lellouma .... للومة

Lellouna .... للونة

Lemared .... لمارد

Lemdani .... لمداني

Lemmou (Ben-) .... بن لمّو

Lennt .... لنت

Lerari .... لراري

Lergam .... لرقام

Leroul .... لرول

Leslous .... لسلوس

Lezoul .... لزول

Lhacene; pour *El-Hacene* .... الحسن

Lichani .... لشاني

Lila .... ليلة

Limène; pour *El-Aïmene* .... الايمن

Liratni; pour *El-Iratni* .... اليراتني

Louafi (El-); pour *El-Ouafi* .... الوافي

Louati (El-) .... اللواتي

Lou-Ennas .... لوء الناس

Loufa (Bou-) .... بو لوفة

Louhi .... لوحي

Louifi; pour *El-Ouifi* .... الويفي

Louli .... لولي

Loulou .... لولو

Lounès .... لونس

Lounis; pour *El-Ounis* .... الونيس

Louzi .... لوزي

M

Mabaoudj; voyez *Mebaoudj* .... المبعوج

Macerli .... مصرلي

Machou .... معاشو

Madani (El-) .... المداني

Madi .... ماضي

Madjadji (El-) .... الحجاجي

Madji (El-) .... الماجي

Maghnia; écrire *Marnia* .... مغنية

Mahabli (El-) .... المحبلي

Mahaï .... محاي

Mahaïa .... محاية

Mahalli; écrire *Mehalli* .... محلي

Mahami .... محامي

Mahammed; altération de *Mohammed;* est usité comme nom propre tout à fait distinct de celui-ci .... محمّد

Mahannd; écrire *Mohannd* .... محند

Mahdi; écrire *Mehdi* .... مهدي

Mahdjoub (El-) .... المحجوب

Mahdjouba .... محجوبة

Mahedi; écrire *Mehdi* .... مهدي

Mahfoud (El-) .... المحفوظ

Mahidjiba .... محيجيبة

Mahi-Ed-Dine; telle est la prononciation usitée d'un surnom qui doit se prononcer *Mohi Ed-Dine* محيي الدين (c'est-à-dire *qui fait revivre la religion*) .... محيي الدين

Mahiout (El-) .... المحيوت

Mabloul .... محلول

Mablous (Ben-) .... بن محلوس

Mahmed ; altération de *Mohammed* ; mais usité quelquefois comme nom propre distinct de celui-ci. محمد
Mahmoud . . . . محمود
Mahmoudia. . . . . محمودية
Mahnoun . . . . مهنون
Mahoucine. . . . . محوسين
Mahrez. . . . . محرز
Mahrouz . . . . محروز
Mahtout . . . . محتوت
Maïda . . . . مايدة
Maïni . . . . معيني
Maïta. مايطة
Maïza (Ben-). . . . . بن معيزة
Makaddam ; écrire *Mokaddem*. . . . مقدم
Makboul ; écrire *Mekboul* . . . . مقبول
Makdour. . . . . مقدور
Makour (Ben-) . . . . بن معقور
Makrefoud (Ben-). . . . . بن مخفوض
Makrelouf . . . . مخلوف
Makrelout . . . . مخلوط
Makrous (Ben-) . . . . بن مخوس
Malek . . . . مالك
Malka. مالكة
Mallak . . . . معلّق
Maloum . . . . معلوم
Mameha (Ben-). . . . . بن مامشة
Mamech. . . . . مامش
Mamès. . . . . معامس
Mami. مامي
Mamia . . . . مامية
Mamma. . . . . مامّا
Mammar. . . . . معمّر
Mammou (Ben-) . . . . بن مامو
Mamoura. . . . . معمورة
Manemenni . . . . مانمنّي
Manissa. . . . . مانيسة
Mannkour. . . . . منقور
Mannsour . . . . منصور
Mannsoura. . . . . منصورة
Mannsouri . . . . منصوري
Manntecer ; écrire *Monntecer*. . . . منتصر
Manzoula. . . . . منزولة
Maouchi . . . . ماوشي
Maouech. . . . . ماوش
Maouel . . . . معول
Maouene . . . . معاون
Maoui. ماوي
Maoui. معوي
Maraf. معراب
Marchali (Ben-) ; écr. *Merchali*. بن مرشالي
Mardi . . . . مرضي
Mardouchi . . . . ماردوشي
Marhoun ; écrire *Merhoun*. . . . . . مرهون
Mariem ; écrire *Meriem*, qui est plus usité . . . . مريم
Marni. المغني
Marnia. . . . . مغنية
Marouf . . . . معروف
Marouni . . . . ماروني
Marref (Bou-) . . . . بو معرّف
Marsala ; écrire *Mersala*. . . . . مرسالة
Maskri. . . . . معسكري
Masmoudi (El-). . . . . المصمودي
Massali . . . . مصالي
Mataï (El-). . . . . المطاي
Matallah . . . . معطي الله
Mathari . . . . مظهري
Matmati. . . . . مطماطي
Matoub. . . . . معتوب
Matouch . . . . معطوش
Matouk. . . . . معتوق
Matsoum. . . . . ماثوم
Maza (Bou-) . . . . بو معزة

Mazari (El-)........ المازاري
Mazia (El-)........ المازية
Maziri........ مازيغي
Mazouni........ مازوني
Mazoura (Ben-)........ بن مازورة
Mazouz........ معزوز
Mazouza........ معزوزة
Mazouzi (El-)........ المعزوزي
Mbarek........ مبارك
Mbarka........ مباركة

Les deux noms qui précèdent devraient se prononcer *Mobarek* et *Mobarka*, mais l'usage s'y oppose.

Mebaouch; écrire *Mebaoudj*........ مبعوش
Mebaoudj (El-)........ المبعوج
Mebaoudja (El-)........ المبعوجة
Mebkrout........ مبخوت
Mebkrouta........ مبخوتة
Mebrouk........ مبروك
Mebrouka........ مبروكة
Mebsout........ مبسوط
Mechach........ مشاش
Mechakou (Ben-)........ بن مشاكو
Mechala (Ben-)........ بن مشعلة
Mechéhoud........ مشهود
Mechich........ مشيش
Mechir (Ben-)........ بن مشير
Mechkour........ مشكور
Mechmach........ مشماش
Mechouch........ مشوش
Mechri (El-)........ المشري
Mechta........ مشتي
Mecili........ مسيلي
Mecir........ مصير
Meddah (Ben-)........ بن مداح
Meddas (Bou-)........ بو مدّاس
Meddj........ مجّ
Meddja (Ben-)........ بن مجّة
Meddour........ مدّور
Medebb (Ben-)........ بن مدبّ
Medelli........ مدلي
Medine (Bou-)........ بو مدين
Medini........ مديني
Mediouni........ مديوني
Medirouch........ مديروش
Medjadji........ مجاجي
Medjahed........ مجاهد
Medjaled (Ben-)........ مجالد
Medjbara........ مجبارة
Medjber........ مجبر
Medjdoub........ مجذوب
Medjeddel........ مجدّل
Medjhoul........ مجهول
Medjkane........ مجكان
Medjoumek (El-)........ المجومك
Medjouza........ مجوزة
Medrar........ مدغار et مدرار
Meflah (Ben-)........ بن مفلاح
Mefroul (Ben-)........ بن مفغول
Meftah........ مفتاح
Megdech; écrire *Mekdech*........ مقدش
Megdouda........ مقدودة
Meggoura........ مقّورة
Meglali........ مقلالي
Megouas........ مقواس
Megrari (El-)........ المقراري
Mehabb-Ali........ محبّ علي
Mehaddi (El-)........ المحدي
Mehadji (El-)........ المهاجي
Mehal (Ben-)........ بن محال
Mehalla........ محلة
Mehalli........ محلّي
Mehamed; usité dans quelques localités pour *Mohammed*, comme nom

tout à fait distinct de celui-ci . . محمد
Meharez (Ben-)........... بن محارز
Mehber (Ben-)............ بن مهبر
Mehdi.................. مهدي
Mehenni................. مهنّي
Mehidjene............... محيجن
Mehiriz................. مهيريز
Mehouene................ مهون
Mehroun................. مهرون
Meïch................... ميش
Mekabeut................ مغابط
Mekaïdich............... مكايدش
Mekallech; écrire *Mekellech*..... مغلّش
Mekboul................. مغبول
Mekdech (Ben-)........... بن مغدش
Mekdoud................. مغدود
Mekellech............... مغلّش
Mekesser................ مكسّر
Mekhour................. مغهور
Mekkaoui................ مكّاوي
Mekki................... مكّي
Mekkia.................. مكّية
Meklouch................ مغلوش
Meknaci................. مكناسي
Mekoui.................. مكوي
Mekoura................. مغورة
Mekrannene.............. مختّن
Mekrarek (El-)........... المخارق
Mekrazni................ مخازني
Mekrellet (El-)........... المخلط
Mekrennets (El-)......... المختّت
Melal................... ملال
Melaoui................. ملاوي
Melaz................... ملعز
Melha................... ملحة
Meliani; écrire *Miliani*....... ملياني
Meliti (El-)............. المليطي

Melh-En-Nas............. ملح الناس
Melhacene ملحسن; altération et prononciation ordinaire d'*Oum-El-Hacene*, ام الحسن.
Melka (Ben-)............. بن ملكة
Melkreir ملخير; altération d'*Oum-El-Kreir*............ ام الخير
Mellah (Ben-)............ بن ملاح
Mellal.................. ملّال
Mellikech............... مليكش
Mellouk (Ben-)........... بن ملوك
Mellouki................ ملوكي
Melouane................ ملوان
Melouka................. ملوكة
Melzi................... ملزي
Memmani................. ممّاني
Memmoud................. ممّود
Mena.................... منا ou منى
Menaa................... مناع
Menabra................. منابرة
Menacer................. مناصر
Menad................... مناد
Menamna................. منامنة
Menaouer (El-)........... المنوّر
Menaoui................. مناوي
Menar................... منار
Menia................... منيعة
Menina (Ben-)............ بن منينة
Meniredj (Ben-El-)........ بن المنيرج
Menna................... منّى
Mennane................. منّان
Mennassa................ منّاسة
Mennbia................. منبية
Mennda (Ben-)............ بن مندة
Menndas................. مندلس
Menndil (Bou-)........... بو منديل
Menndjel (Bou-).......... بو منجل

Memhem .... منهم
Mennouba.................. منّوبة
Mennoubia.................. منّوبية
Mennzoula (Ben-)........ بن منزولة
Menous (El-)............... المنوس
Merabet; écrire *Mrabeut*....... مرابط
Merad .... مراد
Meradji.................... مراجي
Merah...................... مراح
Merahi..................... مراحي
Meraïa..................... مراية
Meraleut (Ben-).......... بن مغالط
Meraoui.................... مغاوي
Meraouina (Ben-)........ بن مراوينة
Merarès.................... مرارس
Merazi (Ben-)............ بن مغازي
Merbouha (El-)........... المربوحة
Mercel .... مرسل
Mercèli..................... مرسالي
Merchali.................... مرشالي
Merdaci..................... مرداسي
Merdas (Ben-) .... بن مرداس
Merdja (Ben-)............ بن مرجة
Merdjana.................. مرجانة
Merdjane.................. مرجان
Merdkouch................. مردقوش
Merdoud .... مردود
Mergui .... مرقي
Merhaba .... مرحبة
Merhoun (El-)............ المرهون
Meridja (Ben-)........... بن مريجة
Merïeh..................... مرّح
Meriem..................... مريم
Merikri (El-).............. المريخي
Merine...................... مرين
Merini (El-)............... المريني
Merioud .... مريود
Merioума.................. مريومة
Merizek.................... مريزق
Merkich, ... مرقيش
Merouane.................. مروان
Merouani.................. مرواني
Merouch (Ben-).......... بن مروش
Meroucha (Ben-)......... بن مروشة
Merout..................... مروت
Merraoui.................. مغراوي
Merri....................... مرّي
Merrouch.................. مرّوش
Mersala.................... مرسالة
Mersoul.................... مرسول
Merzak..................... مرزاق
Merzoug; même nom que *Merzouk*. مرزوق
Merzouk.................... مرزوق
Merzouka (Ben-) .... بن مرزوقة
Mesbah..................... مصباح
Mesloub.................... مسلوب
Mesmoudi; écrire *Masmoudi*.. مصمودي
Mesrouk.................... مسروق
Messaci.................... مساسي
Messad..................... مسعد
Messaï (El-)............... المساعي
Messaoud.................. مسعود
Messaouda .... مسعودة
Messaoudi (El-) .... المسعودي
Messili (El-); écrire *Mecili*.... المسيلي
Messouci .... مسوسي
Messoussa................. مسوسة
Mestani.................... مسطاني
Mestar .... مسطار
Mestari..................... مسطاري
Mestoui.................... مستوي
Metennani.................. متناني
Metertech.................. مطرطش
Methoum................... متهوم

Metiech (El-)............ المطيش
Metmati; écrire *Matmati*..... مطماطي
Metroub.................. مطروح
Mezabi.................... مزابي
Mezach.................... مزاش
Mezara.................... مزارة
Mezari; écrire *Mazari*........ مازاري
Mezdad.................... مزداد
Meziane; écrire *Emziane*....... امزيان
Mezidi.................... مزيدي
Mezhoud (El-)............. المزهود
Mezouane.................. مزوان
Mezoued (Bou-)............ بو مزود
Mezrag (Bou-)............. بو مزراق
Mezrar.................... مزرار
Mezzoun................... مزون
Mharem; il faut écrire *Moharrem*. محرم
Michoud; écrire *Mechehoud*.... مشهود
Midoun.................... ميدون
Mihoub.................... ميهوب
Milès..................... ميلس
Mileuk (Bou-)............. بو ميلك
Mili (El-)................ الميلي
Miliani................... ملياني
Miloud.................... ميلود
Mimi...................... ميمي
Mimoun.................... ميمون
Mimouna................... ميمونة
Mina...................... مينة
Mir; écrire *Amir*.......... امير
Mira...................... ميرة
Misnaïci.................. مسنعيسي
Misra..................... ميصرة
Missoum................... ميسوم
Missoun................... ميصون
Missour................... ميسور
Mkabet; écrire *Mekabeut*...... مقابط

Mkaddem, écrire *Mokaddem*.... مقدم
Moati..................... معطي
Mobarek; écrire *Mbarek*........ مبارك
Mobarka; écrire *Mbarka*...... مباركة
Moderrès (El-)............ المدرس
Mogli..................... مقلي
Mohammed.................. محمد
Mohammedi................. محمدي
Mohannd................... محند

Diminutif de Mohammed chez les Kabyles.

Moharrem.................. محرم
Mohelhel.................. مهلهل
Mohenni; écrire *Mehenni*....... مهني
Mohra..................... مهرة
Mohrez; écrire *Mahrez*........ محرز
Mokaddem.................. مقدم
Mokaddès (El-)............ المقدس
Mokallech; écrire *Mekellech*.... مقلش
Mokarbich (Ben-).......... بن مقربيش
Mokdad (Ben-)............. بن مقداد
Mokfouldji................ مقفولجي
Moknine................... مقنين
Mokralled................. مخلد
Mokrane................... مقران
Mokrani (El-)............. المقراني
Mokrefi................... مخفي
Mokretar (El-)............ المختار
Mokri..................... مقري
Mokria.................... مقرية
Mokzine................... مكزين
Molazem (El-)............. الملازم
Monntecer................. منتصر
Morabet; écrire *Mrabeut*........ مرابط
Moraleut (Ben-)........... بن مغالط
Morari.................... مغاري
Mordjana; écrire *Merdjana*.... مرجانة
Mordjane; écrire *Merdjane*..... مرجان

Moredj .... معرج
Morfi; écrire *Mokrefi* .... مخفي
Morsi (El-) .... المرصي
Morsli (El-) .... المرسلي
Mostafa; écrire *Mostefa* .... مصطفى
Mostefa .... مصطفى
Moudda (Ben-) .... بن مودّة
Moudjadj .... موجاج
Mouffok .... موفّق
Mouhoub (El-) .... الموهوب
Mouia .... موية
Mouici .... مويسي
Moula .... مولى
Moulahoum .... مولاهم
Mouloud .... مولود
Moumene .... مومن
Moumna .... مومنة
Mouna .... مونة
Moundji .... مونجي
Mouni .... موني
Moussa .... موسى
Moussaoui .... موساوي
Moussoum .... موصوم
Moustapha; écrire *Mostefa* .... مصطفى
Moutser (El-) .... موثر
Mrabeut .... مرابط
Mrah; écrire *Merah* .... مراح
Msir; écrire *Mecir* .... مصير

N

Nab (Bou-) .... بو ناب
Nabi; écrire *Nebih* .... نبيه
Naceuf .... ناصف
Naceuh .... ناصح
Naceur .... ناصر
Naceur-Allah .... نصر الله
Naci (En-) .... الناسي
Nadjem .... ناجم
Nadji .... ناجي
Nadri .... نظري
Naër (Ben-) .... بن ناعر
Nafa .... نافع
Nafdja (En-) .... النفجة
Nahar (Bou-); écrire *Bou-Nehar* .... بو نهار
Naïdja .... نعيجة
Naïli .... نايلي
Naïm (Bou-) .... بو نايم
Naïma .... نعيمة
Naïmi .... نعيمي
Naïni .... نايني
Naït .... نايت

Pour *Ne Aït* « du peuple »; c'est-à-dire « de la tribu »; mot berber.

Nakach; écrire *Nekkach* .... نقّاش
Nama (Ben-) .... بن ناعة
Namane .... نعمان
Namoun .... نعمون
Nana .... نعنع
Nanna .... نانّة
Naoua .... نوة
Naoui .... ناوي
Naoum .... نعوم
Naoun .... نعون
Nas (Ben-Bou-) .... بن بو نعاس
Nassri .... ناصري
Nebïa; écrire *Nebiha* .... نبيهة
Nebih .... نبيه
Nebiha .... نبيهة
Nebil .... نبيل
Nechani .... نشاني

Nechba (Ben-) . . . . بن نشبة
Necib . . . . نسيب
Neciba . . . . نسيبة
Necime . . . . نسيم
Neciri . . . . نسيغي
Neddjar . . . . نجار
Neddja . . . . نجّاع
Neddjaï . . . . نجّاعي
Nedjaï . . . . نجعي
Nedjina . . . . نجينة
Nedjla (En-) . . . . النجلة
Nedjma . . . . نجمة
Nedjoum (Ben-En-) . . . . بن النجوم
Neffous . . . . نفّوس
Nefissa . . . . نفيسة
Nefla (Ben-) . . . . بن نفلة
Nefoussa . . . . نفوسة
Nefsa . . . . نفسة
Nefzaoui . . . . نفزاوي
Negliz . . . . نقليز
Nehar (Bou-) . . . . بو نهار
Nehari . . . . نهاري
Nekkach (Ben-En-) . . . . بن النقّاش
Nekrela . . . . نخلة
Nekrouf . . . . نخوف
Nemamci . . . . نمامسي
Nemdil . . . . نمديل
Nemimech . . . . نميمش
Nemmich . . . . نمّيش
Nemmouchi . . . . نمّوشي
Nerich . . . . نغيش
Nessah . . . . نصاح
Nessiba; écrire *Neciba* . . . . نسيبة
Nessiri; écrire *Neciri* . . . . نسيغي
Nessli . . . . نسلي
Nezar . . . . نزار
Niar . . . . نيار
Nif (Bou-) . . . . بو نيف
Norouch . . . . نغوش
Noua . . . . نوة
Noua . . . . نوا
Nouar . . . . نوار
Nouara (Bou-) . . . . بو نوارة
Nouari . . . . نواري
Noui . . . . نوي
Nouiceur . . . . نويصر
Nouiri (En-) . . . . النويري
Nouïs (Ben-) . . . . بن نويس
Noumeri . . . . نومري
Nouna . . . . نونة
Nour-Ed-Dine . . . . نور الدين
Nouri (En-) . . . . النوري

O

Obeïd-Allah . . . . عبيد الله
Obeïda . . . . عبيدة
Okba . . . . عقبة
Okkaz (Bou-); écrire *Bou-Akkaz*. بو عكّاز
Omani . . . . عماني
Omar . . . . عمر
Omara . . . . عمارة
Orfi . . . . عرفي
Osmane; écrire *Otsmane* . . . . عثمان
Othmane; écrire *Otsmane* . . . . . . عثمان
Otmane; écrire *Otsmane* . . . . عثمان
Ou . . . . او

Mot berber qui signifie «de» et «fils»; c'est l'équivalent de l'arabe *Ouled* ou *Ben*.

Ouacini (El-) . . . . الواسيني
Ouaar . . . . وعر

Ouad (Bel-) . . . . بالواد
Ouadah. واضح
Ouadfel. . . . . ودفل
Ouadjeri . . . . وجري
Ouafi . . . . وافي
Ouaguennouni . . . . وافنوني
Ouahch (El-) . . . . الوحش
Ouahchi. . . . . وحشي
Ouahchia. . . . . وحشية
Ouahebrach . . . . وخبراش
Ouaheuk (Ben-) . . . . بن واحق
Ouahrani . . . . وهراني
Ouaïdoud . . . . وعيدود
Ouali (El-). . . . . الوالي
Ouanani . . . . وعناني
Ouannès . . . . ونّاس
Ouannoufi . . . . وانوفي
Ouannzar . . . . وانزار
Ouardiane (El-). . . . . الواردیان
Ouarets . . . . وارث
Ouazzani (El-) . . . . الوزّاني
Oubadja . . . . وباجة
Oubarech. . . . . وبارش
Oubrahem . . . . وبراهم
Oucelati. . . . . وسلاتي
Oucif. . . . . وصيف
Ouchatt . . . . وشاط
Ouchfoun. . . . . وشفون
Ouchich . . . . وسيش
Oucif. . . . . وصيف
Ouda (Bou-). . . . . بو عودة
Oudaïa. وضعية
Oudehenndi. . . . . ودهندي
Oudia (Ben-). . . . . بن اودية
Oudjedad. . . . . وجداد
Oudjeraoun . . . . وجراون
Oudni (Ben-). . . . . بن ودني

Ouennane. . . . . ونان
Ouerri . . . . ورّي
Oufliah . . . . وفلياح
Oufouni . . . . وفوني
Ouglicl . . . . وقليل
Ouhamich . . . . وحميش
Ouiddir. ويدير
Ouifi (El-) . . . . الويفي
Ouïs (Ben-) . . . . بن ويس
Oukaci. وقاسي
Oukali . . . . وكالي
Oukarour. . . . . وكارور
Oukassa. . . . . وقصة
Oukerouchane. . . . . وكروشان
Oulad; prononciation actuelle d'*Aoulad*, pluriel d'*Ould* . . . . اولاد
Oulalla . . . . ولالة
Oulamara . . . . ولعمارة
Oulazil. ولازيل
Ould . . . . ولد
Mot arabe signifiant «fils, enfant».
Ouldach . . . . ولداش
Ouled; très-mauvaise prononciation de *Ould*. . . . . ولد
Oulmas . . . . ولماس
Oulmi. . . . . ولمي
Oum; mot arabe signifiant «mère». . ام
Oum-El-Azz . . . . ام العزّ
Oum-El-Hacene. . . . . ام الحسن
Oum-El-Kreir . . . . ام الخير
Oum-En-Noun. . . . . ام النون
Oum-Es-Sad . . . . ام السعد
Oum-Ez-Zaouch . . . . ام الزاوش
Oum-Hani. . . . . ام هاني
Oum-Keltsoum . . . . ام كلثوم
Oumsaï . . . . ومساعي
Oum-Sekkine. . . . . ام سكين

Ounis (El-)........ الونيس
Ounissa........ ونيسة
Ounnouri........ ونّوغي
Ounzar........ ونزار
Ourari........ وراغي
Ouriachi........ ورياشي
Ourouane........ وروان
Ourida........ وُريدة
Ouschene........ وشن
Ou-Taboundaout........ وتابونداوت
Outazour........ وتازور
Outis........ وطيس
Ouzaa (Ben-)........ بن وزاع
Ouzar........ ازار
Ouzekrini........ وزكريني
Ouzerroul........ وزرول
Ouzerrout........ وزرّوط
Ouzriat........ وزريات
Ouzzine........ وزّين

R

Raba........ رابة
Rabah........ رابح
Rabbat........ ربّاط
Rabeur........ رعبر
Rabha........ ربحة
Rabhi........ ربحي
Rachdi........ راشدي
Rached........ راشد
Rachach (Ben-)........ بن رشاش
Rachi (Ben-)........ بن غاشي
Rachouch........ غاشوش
Rad (Bou-)........ بو رعد
Radi........ راضي
Radia........ راضية
Radja (Ben-)........ بن راجع
Radouch........ غدوش
Raham-Allah (Ould-)........ ولد رحم الله
Rahba........ رُحبة
Rahhal........ رحّال
Rahhou........ رحو
Rahia........ راحية
Rahil........ رحيل
Rahila........ رحيلة
Rahis........ رحيس
Rahla........ رحلة
Rahma........ رحمة
Rahmani (Er-)........ الرحماني
Rahmoui........ رحموي
Rahmoun........ رحمون
Rahmouna........ رحمونة
Rahouadja........ رهواجة
Raïs........ رعيس
Raït........ غايت
Rakda (Ben-)........ بن رفدة
Ralem........ غالم
Rali........ غالي
Ralia........ غالية
Ralla (Bou-)........ بو غلّة
Ralmoul........ غلمول
Ramda (Er-)........ الرامضة
Ramdane........ رمضان
Rane........ ران
Ranem........ غانم
Ranemi........ غانمي
Rani........ غاني
Raouel (Ben-)........ بن غاول
Raouia........ الراوية
Rarbi........ غربي

Rarda ... غردة
Rardaïa ... غرداية
Rars (Bou-) ... بو غرس
Ras (Bou-) ... بو راس
Rata ... غاتا
Ratou ... غاتو
Razala ; écrire *Rezala* ... غزالة
Razia ... غازية
Razouti ... غزوتي
Rebaï ... ربعي
Rebaïa ... ربعية
Rebha ; écrire *Rabha* ... ربحة
Rebia ... ربيع
Rebiaa ... ربيعة
Rebiba ... ربيبة
Rebibe ... ربيب
Rebidi (Ben-Er-) ... بن الربيدي
Rebih ... ربيح
Rebiha ... ربيحة
Recaïci ; écrire *Rekaïci* ... رقايسي
Rechach ; écrire *Rachach* ... رشاش
Rechid ... رشيد
Reda (Er-) ... الرضى
Redira ... غديرة
Redjah (Ben-) ... بن رجاح
Redjala ... رجالة
Redjati (Er-) ... الرجاتي
Redjeb ... رجب
Redjem (Bou-) ... بو رجم
Redouane ... رضوان
Redouani (Er-) ... الرضواني
Refafa ... رفافة
Refala ... غفالة
Refès ... رفس
Rega. Dans quelques localités ce nom se prononce *Roga* ... رقعة
Regab (Er-) ... الرقاب
Regada (Ben-) ... بن رقادة
Regaïa (Bou-) ... بو رقاية
Regba (Bou-) ... بو رقبة
Regla ... رقلة
Regragui ... ركراكي
Regnig ; altération usitée de *Rekik*. رقيق
Rehhal ; écrire *Rahhal* ... رحّال
Rekaïb (Bou-) ... بو ركايب
Rekaïci ... رقايسي
Rekia ; écrire *Rokia* ... رقية
Rekik (Er-) ... الرقيق
Rekkas (Ben-Er-) ... بن الرقّاص
Rekrissa (Ben-) ... بن رخيسة
Rella ; écrire *Ralla* ... غلة
Relis ... غليس
Remila (Bou-) ... بو رميلة
Remli ... رملي
Remmana ; écrire *Rommana* ... رمّانة
Remmati ... غماطي
Rena (Ben-) ... بن غنا
Renaïa ... غناية
Rennaï (El-) ... الغنّاي
Rennane (Bou-) ... بو رنان
Rennou ... رنو
Rennoudja ... غنّوجة
Reram ... غرام
Rerbal ... غربال
Rerda ... رغدة
Rermoul ... غرمول
Rernout ... غرنوط
Rezala ... غزالة
Rezali ... غزالي
Rezga ... غزقة
Rezguech ... رزقش
Rezgui (Er-) ... الرزقي
Rezigue ... رزيق
Rezk (Bou-) ... بو رزق

Rezzas ..... غزّاس
Riad ..... رياض
Riaga ..... غباقة
Riah ..... رباح
Riahi ..... رباحي
Rich (Bou-) ..... بو ريش
Ridane ..... ريدان
Ridouani (Er-); écrire *Redouani* ..... الرضواني
Rigui ..... غيغي
Rime ..... غيم
Riri ..... ريغي
Rizk-Allah ..... رزق الله
Robaïne (Ben-) ..... بن ربعين
Robrini (Er-) ..... الغبريني
Rodbane ..... غضبان
Roga ..... رقعة
Rogaa (Bou-) ..... بو رقاعة
Rokaï ..... رفعي
Rokba ..... رقبة
Rokia ..... رقية
Romidi ..... رميدي
Rommana ..... رمّانة
Romrani (El-) ..... الغمراني
Romri ..... غمري
Ronnaï ..... رناي
Rorara (Bou-) ..... بو غرارة
Rorine ..... غرين
Rosli ..... غسلي
Rostem ..... رستم
Rotil (Ben-Er-) ..... بن الرطيل
Rouag ..... رواق
Rouane ..... روان
Rouar (El-) ..... الغوّار
Rouar (Er-) ..... الروار
Rouba ..... روبة
Roudine ..... رودين
Rougo ..... روقو
Rouhou (Bou-) ..... بو روحو
Rouibah ..... رويبح
Rouil (El-) ..... الغويل
Rouila (Bou-) ..... بو رويلة
Rouina (Bou-) ..... بو روينة
Rouis ..... رويس
Rouissa (Bou-) ..... بو رويسة
Rouiza ..... رويزة
Roula (El-) ..... الغولة
Rouli ..... غولي
Roumili ..... روميلي
Rounaï (El-) ..... الغوناي
Routi ..... غوطي
Roustam; écrire *Rostem* ..... رستم
Rouza ..... روزة

S

Saad ..... صاعد
Saada ..... سعادة
Sabbar ..... صبّاغ
Sabeur ..... صابر
Sabir (Ben-) ..... بن صبير
Saci ..... ساسي
Sad ..... سعد
Sada ..... سعدة
Sad-Allah ..... سعد الله
Sadat (Bou-) ..... بو سادات
Sad-Ed-Dine ..... سعد الدين
Sadek et Sadeuk; écrire *Sadok* ..... صادق
Sadi ..... سعدي
Sadia ..... سعدية

Sadok.................... صادق
Sadoud.................. سعدود
Sadoun.................. سعدون
Sadour (Ben-) .... بن صدور
Safa..................... صافا
Safeur..................... صفر
Safi..................... صافي
Safia (Es-)................ الصافية
Safi-Ed-Dine............ صفي الدين
Safir (Ben-).............. بن سفيّر
Sagga (Ben-Es-).......... بن السقّاء
Sahaba................... سحابة
Saheb..................... صاحب
Sahel (Ben-Es-)........... بن الساحل
Saheli (Es-).............. الساحلي
Sahïeh..................... صحيّح
Sahnoun.................. سحنون
Sahoui..................... سحوى
Sahra..................... صحراء
Sahraoui.................. صحراوي
Saïah..................... ساىح
Saïbi (Ben-Es-).......... بن الصايبي
Saïd (Es-)............... السعيد
Saïda..................... سعيدة
Saïdani................... صيداني
Saïdi..................... سعيدي
Saïdoun.................. صيدون
Saïfi..................... صيفي
Saïm..................... صايم
Saïri (Es-)............... الصايغي
Sakeur..................... صقر
Sakkal..................... صقّال
Sakreri (Es-).............. الصقري
Sakri..................... سخي
Salah..................... صالح
Salaha..................... صلاحة
Salah-Ed-Dine............ صلاح الدين

Salem..................... سالم
Salha..................... صالحة
Sali..................... سالي
Sameut..................... سامط
Samoud..................... صمود
Sanndouk (Ben-).......... بن صندوق
Saoud..................... سعود
Saoudi..................... سعودي
Saoula (Ben-).............. بن ساولة
Saouli..................... ساولي
Sardou..................... ساردو
Sarmouk (Ben-).......... بن صرموق
Sarraïl; écrire *Israël*.......... اسرايل
Sarri..................... سارّي
Sba ou *Seba*.................. سبع
Sbag; écrire *Sabbar*........... صبّاغ
Sbahi..................... سباحي
Sbaïr; écrire *Zobeïr*............ زبير
Sdira; écrire *Sedira*........... سديرة
Sebaa..................... سباع
Sebaïk..................... سبايك
Sebaoui..................... سبعوي
Sebaoun..................... سبعون
Sebar; écrire *Subbar*........... صباغ
Sebbane..................... سبّان
Sebti..................... سبطي
Seddi..................... سدّي
Seddig; écrire *Seddik*......... صديق
Seddik..................... صدّيق
Sedini (Es-)............... الصديني
Sedira..................... سديرة
Sediri..................... سديري
Sedjeka..................... سجكة
Sefcifi..................... صفصيفي
Sefouane..................... صفوان
Segni (Es-)................. السقني
Sehab..................... صحاب

Sehla.................... سهلة
Sehli.................... سهلي
Seïd (Es-)................ الصيد
Sekaker.................. سكاكر
Sekcik.................. سكسيك
Sekfa.................... سكفة
Sekiou.................. سكيو
Sekkal; écrire *Sakkal*.......... صقال
Sekouane................. سقوان
Sekrane (Bou-).......... بو سكران
Sekreria................. سخرية
Selam.................... سلام
Selama.................. سلامة
Selim.................... سليم
Selimane; écrire *Slimane*...... سليمان
Sellam.................. سلّام
Sellami (Es-)............ السلّامي
Sellès.................. سلس
Selmane................. سلمان
Selmi................... سلمي
Selmia.................. سلمية
Selmati................. سلماطي
Semir................... سمير
Semlil.................. سمليل
Semmane................. سمّان
Senana; écrire *Snana*.......... سنانة
Senani (Es-); écrire *Snani*.... السناني
Sendjasni................ سنجاسني
Senhadji (Es-).......... الصنهاجي
Senia................... سنية
Senina.................. صنينة
Senouci (Es-)............ السنوسي
Seouar (Ben-)............ بن سوار
Serbout................. سربوت
Serdouk................. سردوك
Sereïr.................. صغيّر
Seriour................. صغيور
Serir................... صغير
Serira.................. صغيرة
Serour.................. سرور
Setouane................ ستوان
Setra................... سترة
Settala (Ben-)........... بن ستّالة
Setti................... سطي
Settouf (Ben-)........... بن ستّوب
Sfaksi.................. سفاقسي
Siaci (Ben-)............. بن سياسي
Siah.................... صياح
Siam.................... صيام
Siari (Es-).............. السياري
Sid..................... سيد

Ce mot arabe signifie «Seigneur».

Sid-En-Nas.............. سيد الناس
Sidhoum (Ben-)........... بن سيدهم
Sidi.................... سيدي

Signifie «Monseigneur» ou «Monsieur».

Sifaoui (Es-)............ الصيفاوي
Sifi.................... سيفي
Silem................... سيلم
Siline.................. سيلين
Silini (Es-)............. السيليني
Sini.................... سيني
Sisni................... سيسني
Skânderi................ اسكندري
Sliem; même mot que *Selim*..... سليم
Slimane................. سليمان
Smaach.................. اسمعش
Smadja.................. سماجة
Smaha (Bou-)............. بو سماحة
Smaïl; même nom qu'*Ismaïl*... اسمعيل
Smali; écrire *Zemali*.......... زمالي
Smati (Es-).............. السماتي
Snana (Bou-)............. بو سنانة
Snani................... ذي

Sodmi … صدمي
Soffa (Bou-) … بو صفّة
Sofia … صفية
Sofiane … صفيان
Sokri (Ben-) … بن سكري
Soleïmane; écrire *Slimane* … سليمان
Soltana … سلطانة
Soltane … سلطان
Sotra; écrire *Setra* … سترة
Souag (Ben-) … بن سواق
Souar (Bou-) … بو سوار
Souci … سوسي
Soudmi; écrire *Sodmi* … صدمي
Soufi … صوفي
Sougmi … سوقمي
Souici … سويسي
Souidi (Es-) … السويدي
Souiga (Bou-) … بو سويقة
Souiki … سويقي
Soul … سول
Souli … صولي
Soumati … سوماتي
Soumeur … سومر
Souna … صونة
Soura (Bou-) … بو صورة
Sreïr; écrire *Seriër* … صغير
Ster-Er-Rahmane … ستر الرحمن
Stiri; écrire *Sediri* … سديري

T

Taane … طاعن
Taba (Bou-) … بو طابع
Tabatoucht … تاباطوشت
Tabbane (Ben-) … بن تبّان
Tabouch … تابوش
Tabouchi … تابوشي
Tabounkirt … تابونكيرت
Taboulaïnt … تابولاينت
Tabouriach … تابورياش
Tachfine … تاشفين
Taciline … تاسيلين
Tadefla … تادفلة
Tadjine (Bou-) … بو طاجين
Tafa … تافة
Tafat … تفات
Tafiani … تافياني
Tagaddaït … يافدّايت
Tagott … تاقطّ
Taguine … تاقين
Tahar (Et-) … الطاهر
Tahenni … تهنّي
Taher; écrire *Tahar* … طاهر
Tahmi … طحمي
Tahtane (Ben-) … بن تحتان
Taïba … طيبة
Taïbouni … طيبوني
Taïeb (Et-) … لطيب
Taïfoun … طيفون
Taïra (Bou-) … بو طايرة
Taki … تغي
Takkouk (Ben-) … بن طكّوك
Talah … طالح
Talaï … طلاعي
Talbi … طالبي
Taleb … طالب
Talha … طلحة
Talhi (Et-) … الطلحي
Talia (Et-) … التالية
Tamani … تاماني
Tameur … تامر

Tamine.................... تامين
Tamou.................... تامو
Tamoum.................. تاموم
Taneum.................. طانم
Taouch (Bou-)........... بو طعوش
Taounza.................. تاونزة
Taous (Et-).............. الطاووس
Taouza (Ben-)........... بن تاوزة
Tarebhat................ تاربحات
Tareud.................. طارد
Tarene (Bou-)........... بو طارن
Tarika (Ben-)........... بن طريقة
Tartouga (Ben-)......... بن طرطوقة
Tassadit................ تاسعديت
Tassiline; écrire *Taciline*..... تاسيلين
Tataï.................... تاتاي
Tatom.................. طاطم
Taza (Ben-)............. بن طازا
Tazi.................... تازي
Tebbane (Ben-).......... بن تبّان
Tebboul................. تبّول
Techich (Bou-).......... بو تشيش
Tedjani................. تجاني
Tedjini................. تجيني
Tedlaouti (Ben-)........ بن تادلاوتي
Tedlout (Ben-).......... بن تدلوت
Tefraguine.............. تعرافين
Teggar.................. تقّار
Tehami.................. تهامي
Tekril (Bou-)........... بو تخيل
Tekrite................. تكريت
Teldja; écrire *Tseldja*.......... ثلجة
Telila (Bou-)........... بو تليلة
Telili.................. تليلي
Tellis (Bou-)........... بو تلّيس
Temama.................. ثمامة
Temazout (Et-).......... الثمازوت
Temimi (Et-)............ التميمي
Temmal.................. تمّال
Temmime................. تمّيم
Tenaoun................. تناون
Tennbel................. تنبل
Tennci.................. تنسي
Terad................... طراد
Teraï (Et-)............. الطراعي
Terbah.................. ترباح
Terfaïa (Ben-).......... بن طرفاية
Terfas (Bou-)........... بو ترفاس
Terfous................. ترفوس
Terras.................. ترّاس
Terrich................. تريش
Tesabbou................ تسابّو
Tessa (Ben-)............ بن تسع
Tettaï.................. تطاي
Teurcha (Bou-).......... بو ترشة
Teurki.................. تركي
Teurkia................. تركية
Teurkmane (Ben-)........ بن تركمان
Tiba.................... طيبة
Tifour.................. طيفور
Tiour................... طيور
Tiouti.................. تيوتي
Tima.................... تيمة
Timci................... تمسي
Tira (Bou-)............. بو طيرة
Tit (Bou-).............. بو طيط
Titaouni................ طيطاوني
Titkra.................. طيطخة
Titoum.................. طيطوم
Titouma................. طيطومة
Tlemsani................ تلمساني
Tlidja; écrire *Tslidja*.......... ثليجة
Tobal................... طبال
Tobbi................... طبي

Tobib (Et-)............... الطبيب
Toboul.................... طبول
Torkia; écrire *Teurkia*......... تركية
Touadda................... توادة
Touat (Ben-Et-)......... بن التوات
Touati (Et-)............... التواتي
Toubal; écrire *Tobal*.......... طوبال
Touchent (Bou-)........... بو توشنت
Touchi (Et-)............... التوشي
Toudja (Ben-)............ بن توجة
Toudji.................... توجي
Toudjine.................. طوجين
Touhami; écrire *Tehami*....... تهامي
Touidjene (Bou-).......... بو طويجن
Touil (Et-)............... الطويل
Touka..................... توكة
Touma..................... طومة
Toumaïnt.................. توماينت
Toumi..................... تومي
Tounci.................... تونسي
Toura..................... تورة
Touta (Ben-).............. بن توتة
Toutou.................... طوطو
Trabzi.................... طرابزي
Trad (Bou-)............... بو طراد
Trari..................... تراري
Trif...................... طريف
Triquet; écrire *Tarika*......... طريقة
Tsabbou; écrire *Tesabbou*...... تسابّوا
Tsabet.................... ثابت
Tsaleb.................... ثعلب
Tsekil.................... ثقيل
Tseldja................... ثلجة
Tslidja................... ثليجة
Tsoumi.................... ثومى

Y

Yacia..................... ياسية
Yacine.................... ياسين
Yacis..................... ياسيس
Yahou (El-)............... الياهو
Yahya..................... يحيى
Yaïch..................... يعيش
Yakoub.................... يعقوب
Yakout (El-).............. الياقوت
Yakouta................... ياقوتة
Yala...................... يعلى
Yamina.................... يامينة
Yamna..................... يامنة
Yamouna................... يموّنة
Yarou..................... يارو
Yasmina................... ياسمينة
Yassa (El-)............... اليسع
Yattou; écrire *Yettou*........... يطو
Yazid; écrire *Yezid*........... يزيد
Yebka (Ben-).............. بن يبقى
Yebou (Ben-).............. بن يبو
Yemloul................... يملول
Yemmi..................... يمّي
Yemmouna.................. يمّونة
Yettou.................... يطو
Yezid..................... يزيد
Youb, pour *Ayoub;* altération reçue. ايوب
Youcef.................... يوسف
Youcha (Ben-)............. بن يوسة
Younas; écrire *Younès*......... يونس
Younci.................... يونسى
Younès.................... يونس
Yousnadj (Bou-)........... بو يوسناج

Z

Zabak .... زاباك
Zabi .... زابي
Zaboub .... زعبوب
Zaboubi .... زعبوبي
Zabouch .... زعبوش
Zadi .... زعدي
Zafraoua .... زعفراوة
Zaga (Ben-) .... بن زعقة
Zahani (Ez-) .... الزهاني
Zaheur (Bou-) .... بو زاهر
Zahia .... زاهية
Zahira .... زهيرة
Zahri .... زهري
Zaïa (Bou-) .... بو زاية
Zaïda .... زايدة
Zaïr .... زاير
Zaïtri (Ez-) .... الزعيتري
Zaka .... زاكة
Zakaria .... زكرياء
Zama (Bou-) .... بو زعمة
Zamoun .... زعمون
Zaouch .... زاوش
Zaoui .... زاوي
Zar (Bou-) .... بو زار
Zarouani .... زغواني
Zaroud .... زغود
Zateur (Bou-) .... بو زعتر
Zatouch .... زعتوش
Zazour .... زعزور
Zebib (Bou-) .... بو زبيب
Zebiba .... زبيبة
Zebida; altération de *Zobeïda* .... زبيدة
Zebidi; altération de *Zobeïdi* .... زبيدي
Zebir; altération de *Zobeïr* .... زبير
Zebiri .... زبيري
Zeblah .... زبلاح
Zebouchi (Ez-) .... الـزبوشي
Zebour .... زبور
Zeggaï (Ez-) .... الزقّاي
Zegouta (Ez-) .... الزقوطة
Zehor; écrire *Zoheur* .... زهر
Zeher; écrire *Zoheur* .... زهر
Zehira .... زهيرة
Zehraoui .... زهراوي
Zehzam .... زهزام
Zeïane; mieux *Ziane* .... زيان
Zeïbak .... زيباك
Zeïbouch .... زيبوش
Zeïbouda .... زيبودة
Zeïd; écrire *Zid* .... زيد
Zeïdane; écrire *Zidane* .... زيدان
Zeïnab; écrire *Zineb* .... زينب
Zeïri; écrire *Ziri* .... زيري
Zekkour .... زكور
Zekmout .... زكموت
Zekraoufi .... زكراوي
Zekri .... زكري
Zekria .... زكرية
Zekrini .... زكريني
Zelbah .... زلباح
Zelit .... زليط
Zellat .... زلّات
Zemali .... زمالي
Zemani .... زماني
Zembrek (Bou-) .... بو زمبرك
Zemirli .... ازميرلي
Zemmit .... زمّيت
Zemmita .... زمّيتة

Zemmouri .... ازمّوري
Zemouchi .... زموشي
Zenagui .... زناقي
Zenati .... زناتي
Zenim .... زنيم
Zenini .... زنيني
Zenndagui (Ez-) .... الزنداقي
Zenndjebil .... زنجبيل
Zennoun .... زنّون
Zeradine (Ben-) .... بن زرادين
Zerafa (Ben-) .... بن زرافة
Zerana .... زرانة
Zerara .... زرارة
Zerbouk (Ben-) .... بن زربوك
Zerbout (Ben-) .... بن زربوط
Zerda (Ben-) .... بن زردة
Zerdazi .... زردازي
Zerdouch .... زغدوش
Zerdouda .... زغدودة
Zerdoun .... زردون
Zerfa .... زرفة
Zerga .... زرقة
Zerguine .... زرقين
Zerhoui .... زرهوي
Zeria (Bou-) .... بو زريعة
Zeriat .... زريعات
Zerimi .... زريمي
Zerk (Ben-) .... بن زرق
Zerkaoui .... زرقاوي
Zerkoum .... زركوم
Zernadji .... زرناجي
Zerouali .... زروالي
Zerouda (Ben-) .... بن زغودة
Zeroukri .... زروخي
Zerrad .... زراد
Zerrouk (Ez-) .... الزرّوق
Zerrout .... زرّوط
Zerrouki .... زروقي
Zgandri ; écrire *Skannderi* .... اسكندري
Ziad .... زياد
Ziamni .... زيامني
Ziana .... زيانة
Ziane .... زيان
Ziani .... زياني
Zibouch .... زيبوش
Zid .... زيد
Zidane .... زيدان
Zidi .... زيدي
Zidoun .... زيدون
Zina .... زينة
Zine (Ez-) .... الزين
Zineb .... زينب
Zine-El-Abdine .... زين العابدين
Zinet .... زينت
Ziouch .... زيوش
Zioui .... زيوي
Ziram .... زيرام
Zireg .... زيرق
Ziri .... زيري
Ziteuf (Ben-) .... بن زيطف
Zitouni (Ez-) .... الزيتوني
Zizi .... زيزي
Zmali ; écrire *Zemali* .... زمالي
Zobeïda .... زبيدة
Zobeïdi .... زبيدي
Zobeïr .... زبير
Zoddam .... زدّام
Zoheur .... زهر
Zohra .... زهرة
Zoleikra .... زليخة
Zordani .... زرداني
Zouaï .... زواي
Zouaïd .... زوايد
Zouak (Ben-) .... بن زواق

Zouaoui .... زواوي
Zouba (Bou-) .... بو زوبة
Zoubia .... زوبية
Zoubir; écrire *Zobeïr* .... زبير
Zougab (Ben-) .... بن زوقاب
Zouggar .... زقار
Zouia .... زويا
Zouich .... زويش
Zouied .... زويد
Zouika .... زويكة
Zouina .... زوينة
Zouiouch .... زويوش
Zouis .... زويس
Zoumali; écrire *Zemali* .... زمالي
Zourar (Ben-) .... بن زغار
Zouzou .... زوزو

FIN.

www.ingramcontent.com/pod-product-compliance
Ingram Content Group UK Ltd.
Pitfield, Milton Keynes, MK11 3LW, UK
UKHW022135190726
13855UKWH00003B/1159

9 782013 06893